闽清县政协文史资料第二十六辑

闽清书院探微

◎ 陈常飞 著

政协福建省闽清县委员会 编

海峡出版发行集团 | 福建人民出版社
THE STRAITS PUBLISHING & DISTRIBUTING GROUP | FUJIAN PEOPLE'S PUBLISHING HOUSE

序

书院是中国古代以儒学为核心的教育场所，始于唐，兴于宋，繁盛于明清。书院起先只是文人学者修书、藏书之处，随着社会对文化愈加重视，到北宋时期科举大发展，书院逐渐向“私学”转化，为后世书院发展开辟了新的道路。

书院作为中华文化传播的重要载体，是千百年来读书人的精神乐园与学术圣地。北宋时期，许多名儒创办书院讲学，推广书院教育，抑或就读于某书院，以涵养学问基础。书院与官学、私学形成互补，对古代文化、教育、经济等方面都产生了重要影响。

闽清人才的养成与书院教育关系密切。“礼乐文化”是中华文化史上的一座丰碑，也是闽清县的独特文化与资源，陈祥道与陈旸作为代表人物，与书院文化也有着密不可分的联系。可以说，书院文化直接促进了闽清的文化社会发展。闽清书院的发展史是闽清文化史上的一段盛事，其核心是儒家思想，值得后来人深入了解探寻。

古代书院早已不见踪影，即有遗迹，也难寻觅。尚留的古书院更是凤毛麟角，使人无法领略书院风貌。如今，重建后的闽清文泉书院基本保留了当年整体建筑样貌，且书院精神延续方面始终一贯，堪称福建省县级古书院代表之一。

囿于闽清书院史料稀少，有关志书记载亦语焉不详，闽清书院文化少人知晓和问津。《闽清书院探微》一书，深入挖掘闽清书院的历史，揭示书院文化内涵，力求通过逻辑严密、内容翔实的论述，准确反映闽清书院历史与文化，既为书院文化补缺，又为下一步文史工作提供思路。

今后，要做好书院文化保护与传承工作，以书院为中心，为闽清打造新的景点和景观，并争取实现研究成果转化，助推闽清文旅事业发展，同时加大力度宣传闽清文史，增强文化自信。

是为序。

闽清县政协党组书记、主席：郑晓春

前言

阮弥之办学乌山前，福州地区文教未开，其后风气为之一变。唐福建观察使李椅重视教育，“以五经训民”，于是弦诵必时，人知敬学，“海滨之人，以不学为耻，州县之教达于乡党，乡党之教达于众庶”。唐德宗时期，常衮在闽地再次发起兴学活动，“为设乡校，使作为文章，亲加讲导”。闽清县本汉侯官地，其文教亦受此大势影响，由宋迄清，闽清地区皆建有书院，其形式有官府牵头组织者，有官民合办者，亦有民间自办者，如龙江书院、鹿坂书院、正音书院、文笔书院、崇文书院、文泉书院、鼎峰书院、云龙书院等。书院为闽清县培养了无数人才，其学风不独作用闽清，亦裨益全福州地区，而从闽清书院走出之人物，更是造福各地。

闽清自古崇文重教，书院延请师儒讲学并形成传统，这一条文化脉络值得传述。闽清历代先贤多能为地方树立榜样：居官在朝，则居之无倦，行之以忠，为朝廷、为社会奉献所学；优游在野，则沉潜诗书，借闲暇专意著述，或乐于教导后辈。闽县陈子达云：“梅溪最称岩邑，地通古、侯、尤、永，介崇山而临深溪。”其文化最初也与周边县区相互影响。历史上福州较重要的书院多在今福州主城区，如明代共学书院、泉山书院，清代福州四大书院等。闽清书院的办学条件、师资力量及建筑规模等自不可与之相提并论，但也应看到闽清籍文人、名宦辈出，他们曾为闽省各项事业做出重要贡献，名留史册，且在全国有影响者亦不在少数。北宋以来闽清籍名人如陈祥道、陈旸等，其学术更流布四方，闽清学风亦由是日盛，以“二陈”为代表的礼乐文化对中华文化产生深远影响，诚为闽清的骄傲。清末书院改制，闽清教育又开启新的一页。黄乃裳等致力教会书院的建设与发展，其为中西文化交流、发展之贡献名留史册。

科举成就也是促进闽清书院发展的重要因素，因为书院建立有赖于这种文教氛围与人文环境。功成名就者成为历代闽清人效法的对象，故溯源闽清书院教育，与此亦有关联。闽清作为崇儒重教之地而声名远扬，非一蹴而就，乃经历了漫长的时间。宋代福州领县十二，分为闽县、侯官、福清、古田、永福、长溪、长乐、罗源、闽清、宁德、怀安、连江，而闽清地理僻陋，位置远离省垣政治中心，故不属“望县”。如县志中所言：“闽清蕞尔小邑，地滨闽江，交通颇便，而万山丛杂，绝少平原。故居民少而物产亦不蕃，似无足殚述者。”应当肯定书院教育为闽清文化与社会发展起到主要推动作用，且一种纯粹的学风在书院中得以存续。历代主政闽清或任教职者皆关注地方文教发展，如宋闽清令史温“在任去弊兴利，建学立社”，任满去时，行李唯琴书而已；元代闽清尹董祯为政和易清简，“在官六年，逋流四归，野有新畬，学有新官”；明嘉靖时期闽清知县彭珥“尝建学宫、备祭器、拓公署、创门楼，役兴而无所扰”；闽清教谕叶春及“以师道自任，群诸生号‘舍中’，相与讲发，于脯脡无所受，诸生事之肃然”；

湖州人沈源，洪武中以御史知闽清，“立攀桂亭以励诸生，建度仙桥以便来往”。这些官员有较高的文化修养，故多关心地方文教，关注书院发展。他们虽非书院教师，但都能利用自身影响力为此事业尽心尽力。

囿于闽清书院史料匮乏，故笔者只能“上穷碧落下黄泉”，全力搜罗，试图呈现闽清书院历史与文化。以下胪叙各章内容要点：

第一章“宋代龙冈书院”主要以书院文化为中心，探讨陈祥道、陈旸少年读书事迹与学术成就，并结合书院教育、书院祭祀文化进行论述，力求揭示“二陈”学术文化与书院礼乐文化关系。目前地方上多关注《礼书》《乐书》，对其他著作少有留意，为此本章专设一篇介绍陈祥道《论语全解》的主体内容。龙冈书院无史料可考，仅存只言片语，但它与后世龙江书院、鼎峰书院之间有一定渊源及文化传承关系。第二章“朱熹与梅溪书院”涉及朱熹在福州行迹、朱子闽清题刻、闽清籍朱门弟子和相关传说故事等，并期从中推求朱熹学说对闽清的影响。文泉书院是福州著名书院，此前有关人士多留意书院改制后的文泉学校历史，对文泉书院及其前身崇文书院时期历史未有系统整理，故本书第三章“文泉书院的前世今生”侧重于对文泉书院的研究，在所掌握资料基础上，分为崇文书院建立、文泉书院教育思想初探、文泉书院山长、文泉书院历史沿革四个板块，以叙述该书院历史与文化。第四章“书院拾零”中，鹿坂书院篇主要探讨环境与书院、家族与书院的关系；文笔书院篇通过存世《文笔书院记》与文笔书院讲学者鄢韶成生平事迹，解说书院历史；云龙书院今演变为金沙学校，可惜该书院史料稀少。由是之故，将三书院合为一章，此亦篇名“拾零”由来。学界把外国人兴办的学校称为教会书院，以区别于本土传统书院，第五章“黄乃裳与教会书院”主要利用黄乃裳研究论文及有关教会学校著述，并结合清季书院发展史，对黄乃裳教育事迹及思想作简要介绍。观照一个地方历史不应局限于本地，当以宏观视角切入。一方面，闽清籍历史名人为各地书院建设、发展作过努力，而历代闽清书院学子也将书院学风与精神转化为一股“齐家治国”的内在动力，于是多有建树。另一方面，属于书院文化外延的许多事物也能从侧面反映书院面貌，故本书设“书院名人轶事”章，钩沉、整理相关资料，其中包括闽清书院人物、闽清人与书院教育、闽清私塾人物等内容，以尽可能使闽清书院历史文化更加完整。私塾、文庙与书院尤有关联，故特设一章，浅论私塾、文庙与书院的关系。

福建素称“海滨邹鲁”“文献名邦”，宋时闽北曾是中国书院文化中心。清代，福州许多书院更名闻远近。当今，书院已远去，但书院文化与精神仍可给予当代社会以启示，其所承载的中华优秀传统文化依然在传承。

目录

CONTENTS

第一章　宋代龙冈书院 / 001

一、龙江书院 / 002

二、鼎峰书院 / 021

三、二陈祠说略 / 028

四、“二陈”读书事迹及学风影响 / 034

第二章　朱熹与梅溪书院 / 055

一、朱熹在福州的教迹 / 056

二、朱熹题刻 / 061

三、传说中的书院 / 066

四、交游及后学 / 071

第三章　文泉书院的前世今生 / 079

一、崇文书院建立 / 080

二、文泉书院教育思想初探 / 092

三、文泉书院山长 / 099

四、文泉书院历史沿革 / 113

第四章　书院拾零 / 131

一、鹿坂书院 / 132

二、文笔书院 / 145

三、云龙书院 / 148

第五章　黄乃裳与教会书院 / 155

一、教会书院漫谈 / 156
二、黄乃裳兴教事略 / 160

第六章　书院名人轶事 / 171

一、刘祖宪倡修书院 / 172
二、宦闽清者 / 173
三、闽清“儒林”小记 / 175
四、詹旭题诗丘氏书院 / 177
五、刘训瑺的办学事迹及其诗文著作 / 178
六、刘懿芝从教事略 / 180
七、刘懿璜就读鳌峰书院 / 182
八、文泉书院学子 / 183
九、祭禄位 / 185

第七章　私塾、文庙与书院 / 187

一、私塾历史与文化 / 188
二、闽清私塾钩沉 / 193
三、文庙与书院 / 210

附　录 / 219

一、诗 / 220
二、联 / 225
三、文 / 228

参考书目 / 249

后　记 / 255

第一章 ▸

宋代龙冈书院

一、龙江书院

龙冈书院在闽清县南，曾为陈祥道、陈旸兄弟读书处。书院历史不详，亦乏史料记载，但龙冈书院因“二陈”文化造诣而闻名遐迩，他们的学术思想影响了闽清地区一代又一代的读书人。龙冈书院的确切位置已难寻觅，但庆幸“龙冈”这两字留在了两首诗中。明进士詹洪基有诗云：

家传礼乐擅风骚，手挽银河卷怒涛。
隔代人应称弟子，登堂我欲荐溪毛。
岚光入户青围座，草色缘阶绿映袍。
千古龙冈垂俎豆，漫劳仰止斗山高。

而从存世的另外一首关于龙冈书院的诗中，则可以想望书院环境，那是闽清邑令姚循义所作的《龙冈秋月》。诗云：

龙冈何崔嵬，散步得秋月。
俯视城郭闲，炊烟荡林樾。

世界经历着沧桑变化，许多被尘封的事物已难窥见，哪怕是一些蛛丝马迹。但地方文化的传承亦犹如一份“大家业”，总是有那么一群人为此事业接力，在此道路上前行——他们从未孤独，孔子曰：“德不孤，必有邻。”宋代的龙冈书院亦经历演变，只可惜其中线索过于模糊。目前所能看见的一些材料，有的说龙冈书院后来演变为龙江书院、鼎峰书院。从书院历史沿革角度而言，这一说法没有史料佐证，但从闽清书院文化传承这一层面讲，书院文教确是承前启后的。

（一）龙江书院起始

龙江书院位于闽清县梅城镇南面，今闽清县实验小学校园内。

书院尚有历史遗存，斯物显然成为历史的见证。学校中存 4 块石碑，辉绿岩质地，碑高 1.83~1.92 米，宽 0.61 米，厚 0.11 米。其中有一块系“重建龙江书院碑记”，也正是这份“遗物”，使解读龙江书院的历史文化成为可能。其余 3 块则镌刻重建书院时捐款芳名，它们同样具有历史价值。

查 1988 年版《闽清县志》，其中记载：“龙江书院即旧之文昌阁，清康熙十年（1671）建，系仙源道观故址。初鼎峰为邑诸生讲诵地，嗣因膏火无多，不能延师考课。清光绪甲申之岁，邑令丁公提倡捐募……”同书也记载了书院创办人许志仁。《闽清县志·独行传》载：许志仁（号心泉），闽清附贡生，曾“倡设龙江书院，帮办省城育婴局，及经理县

龙江书院古碑（现存于闽清县实验小学）

城义仓、平粜、施棺、助葬等事。闽浙督许应骙（1832—1903）奖给五品顶戴。后署连城、光泽等县教谕”。

根据这些记载，可知龙江书院院址即原来的文昌阁（原系仙源道观故址）。如果书院始建于康熙年间，那么它就是清代福建区域内较早建立的书院。

清代书院发展进入全盛阶段，但绝大部分书院的创建时间则是在康熙朝以后，据白新良《明清书院研究》一书中“清代各时期各地书院情况表”[①]统计，在顺治朝福州地区所建书院数量为零，至康熙朝所建的书院亦寥寥无几，今将相关数据罗列于下：

康熙十年（1671）创建福州越山书院、康熙三十年创建福州斗南书

龙江书院遗址碑

① 白新良：《明清书院研究》，故宫出版社2012年版，第129—144页。

院、康熙三十七年创建连江紫阳（朱子）书院、康熙三十九年公建古田屏山书院、康熙四十六年创建福州鳌峰书院，另此时期还有古田玉泉书院、福清双旌书院、侯官西湖书院等。从资料中可以旁证当时建筑为文昌阁，这些都有待进一步考证、理清。但无论清初这个文教建筑是作“龙江书院”，还是作“文昌阁”，作为一种历史渊源，二者之间都是密切关联的。

（二）书院旧址

在龙江书院未建立以前，其地为文昌阁；而在文昌阁之前，其地为仙源道观。

仙源道观初名芹山观。民国《闽清县志·名胜志》记载：传宋白玉蟾（1134—1229）在县治钟南山之左、芹山之麓，辟地建观以修真炼丹，人称芹山观，亦名仙源道观。白玉蟾，世称紫清先生，师从道教南宗四世祖陈楠，创立道教南宗宗派。其人平生博览群经，为文制艺，样样精通，其诗友惊叹“莫笑琼山僻一隅，有人饱读世间书”。且擅书法绘画，又勤于著述，著《海琼集》《金华冲碧丹经秘旨》《海琼白真人语录》《罗浮山志》，后世编有《海琼白玉蟾先生文集》等书，其《早春》一诗，被收入传统蒙学经典《千家诗》，传诵不衰：

南枝才放两三花，雪里吟香弄粉些。
淡淡著烟浓著月，深深笼水浅笼沙。

该诗说明这个地方从一开始就沾染文气，这样的择地标准，也是中国古代书院择址的一贯思路。因为“书院初兴之时，儒家学者也在风景名胜之地创建书院。”①

① 朱汉民：《中国的书院》，台湾商务印书馆2002年版，第11页。

元末，芹山观因年久失修而坍塌，一度废弃。明代初年，当地重建芹山观，以祭祀白玉蟾真人，故又称“白真人观”。明代诗人徐熥《芹山观》诗云：

草树无尘月色新，炼丹曾有白真人。
云封古洞仙源香，流水桃花岁岁春。

雍正年间，邑令张兆凤将白真人观移建至钟南山旁广泽王庙后，并将芹山观改建为奎光阁，即文昌阁。后来姚循义作《建奎光阁序》，文中记载了这件事：“凡郡府州县，皆建有奎光阁，以兆文明之象。梅溪盛时百度具举，斯阁宁独有缺欤？顾自元、明兵燹。而后所存古制，什无二三，而奎光阁遂不可考。前邑令张公来莅兹土，邑人复谋创建，择地于邑之钟南山冈。其冈旧有芹山道观，为白真人炼丹处，丹成而仙去，其为山川闲气所钟可知。”

至此，文昌阁成为当地颇有名气的文教建筑，备受时人重视。且此地风景绝胜，“其冈虚明高旷，朱顶耸翠，三溪汇流”，故也吸引许多人慕名前来，因而诗咏不断。且引几首如下：

雍正九年（1731），邑令何琬作《奎光燕集遇雨》，诗云：

高阁崔巍倚碧空，共凭栏槛座迎风。
樽中酒酽心先醉，江上峰青曲乍终。
隔岸鸟鸣泥滑滑，当筵人报雨蒙蒙。
沾衣莫讶归途湿，遥望甘霖到处同。

时邑生卢登洙作诗相和云：

高阁筵开眼界空，潘花无处不春风。
墨浓敢谓诗脾燥，心醉非关月令终。
已近恩光星灿灿，还沾化泽雨蒙蒙。
从游长拟如今夕，胜地追陪许再同。

乾隆年间，闽清岁贡孙柱亦作《奎光阁》诗云：

奎阁腾辉百仞中，溪山环抱梓潼宫。
云连紫雾藏文豹，水卷长江起卧龙。

作为一个象征科举功名的建筑物，时人也多乐于前往沾染文气，民国《闽清县志·名胜志》所收关于文昌阁的诗作绝非完整无缺，数诗只是有相对代表性，这是惜墨如金的修志笔法所决定的。

（三）文昌阁

文昌信仰在古代社会相当普及，绝大多数的读书人都信奉文昌君。据有关统计，全国目前遗留下来的文昌宫有300多处。

元延祐三年（1316），文昌君被封帝，这体现元朝国策，或说对文昌君之尊崇；在民间，百姓意识中也形成了文昌主文运、掌管天下文人禄籍的观念。据考，在明清时期曾发生两次禁止崇奉文昌神事件：一次在明弘治元年（1488），尚书周洪谟等人要求拆除各地文昌祠。一次在清康熙、雍正年间，当时认为文昌无经传传世，无资格被供奉。而在百姓心中，文昌信仰是根深蒂固的，至今无变。嘉庆六年（1801），一代帝师朱珪上书朝廷，建议全国要供奉文昌，在修文庙的同时要建魁星楼，他主张在全国推崇文昌信仰。至此，文昌帝君被列入国家祀典。与文昌君相近的神是魁星，一说其乃文昌主管文运的执行官，是文昌侍臣；一说魁星和文昌帝君是同一个神。文昌帝掌管科考禄籍，民间传闻魁星专替文昌“点状元”。这种传说世代相传，逐渐被古代人民所认可。[①]

姚循义曾对闽清文昌神像作过考证，其所作《建奎光阁序》记载：“或曰：神即周之张仲也。以仲之孝友，上应星躔昭回陟降，万古常新。以妥以侑，以将以享，知必有以福吾梅而振耀之者。”他同许多明清主政官员一样，希望此地文运昌盛，士子科举获捷。他说：“余闻阁成之日，平治道途，有泉自山麓流出。《易》曰：山下出泉，泉水之始出者行而有渐。或以兆梅溪人物浸昌浸炽，绳绳而未有艾也。”

所以，在文昌阁地理位置上建立书院，也暗喻古代闽清人民对教育的崇奉及对科举功名的寄望，从这一侧面，也凸显了闽清人崇文重教的风气。必须提及的是，在文昌祠中，古人亦多借其地而读书者。民国《闽清县志·学校志》载：清雍正二年（1724），在文昌阁内新设“社学”。民国《闽清县志·城市志》亦载：“社学在城南文昌阁，清雍正二年设，今废。”

社学是明清时期官府在乡镇地区所设立的学校，是童试前学子学习的场所。有研究者提出：“任职于中国各教师学院的人员所写的大量关于社学的文章，皆表明了明代的社学至今仍具重要性。对于清代及 20 世纪 30、40 年代的改革派人士而言，社学同样具有重要性。”[②]明清时期，生员年龄多在 15 岁以下，清代定为 12 至 20 岁。建立社学，可调和官学招生规模无法匹配实际需求的矛盾。这一教育组织始于元代，至元二十三年（1286），朝廷颁令各路“劝农立社”。当时规定所属村庄 50 家为社，每社成立 1 所学校，择儒为师，教授村中子弟。时每村多设有 1 至 2 所社学。

① 赵琛：《文昌祖庭》，四川文艺出版社 2010 年版，第 49—50 页。

② ［美］施珊珊：《明代的社学与国家》，王坤利译，浙江大学出版社 2019 年版，第 262 页。

社学程度相当于小学阶段，明陈献章在《程乡县社学记》一文中说：“今之郡县学，古之大学也；今之社学，犹古之小学也。天下风俗美恶存乎人，人之贤否存乎教。观今之风俗，则今之人才可知矣。予尝终夜思之，其不及古者，有司非与庠序之设，《六经》之训固在也。以小学言之，朱子《小学》书，教之之具也；社学，教之之地也，其皆不可无也。天下之事，无本不立。小学，学之本也。保自然之和，禁未萌之欲，日就月将，以驯致乎大学，教之序也。然则社学之兴，在今日正淑人心、正风俗、扶世教之第一义也，胡可少哉？胡可少哉！”民国初年，社学即不复存在。

述此一段，以补龙江书院历史之不及。

（四）浅论一方碑记

刘训瑺所作《文泉书院纪略》中一段，涉及龙江书院当时在闽清的地位：“考邑志，县治旧有正音书院，久圮。道光中，复建鼎峰书院，今田租无几，名存实亡。惟龙江书院为二陈先生读书处，岁久湮没，前年邑之士夫重建书院，而仍以龙江名，盖‘龙江’之建以继轨前贤因也，‘文泉’之建以陶成后进创也。”①

龙江书院现存的碑记是闽清书院不可多得的文物，它记录了这所书院的历史，也揭示了一部分闽清曾经的教育风貌。整理碑记内容，从中可窥探其建立书院之起因，而所谓龙江书院文化，亦可由此起笔勾勒。

记文作者认为为学者必本于儒家经典，通过学习诗书礼乐，以感染圣贤教化，读书人不能钻营功名利禄，将学校视为进身阶梯。文中说：“窃惟天之生才，语其终足以经纶宇宙，维持风化，出为国家缓急可恃之人。而其始则必为之端其所习，使之不入乡党轻佻之习；而后扩其器识，足语经世之业，而国于是不以乏才为患。自世之衰，《诗》《书》《礼》《乐》

① 福建省闽清县第二中学（文泉中学）编：《文泉中学校史（1783—1988）》，1988年编印，第28页。

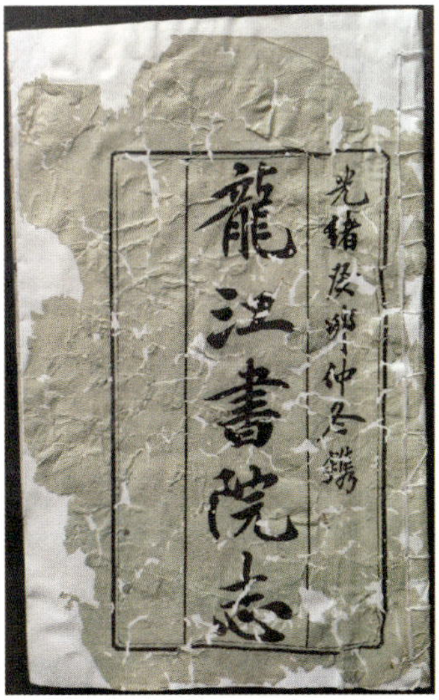

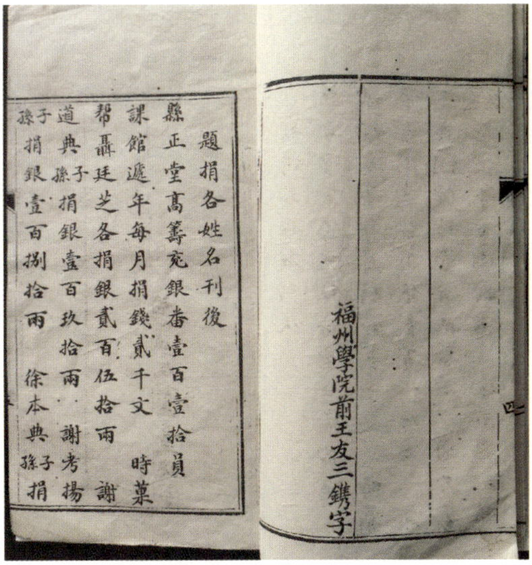
題捐各姓名刊後
縣正堂高籌充銀番壹百壹拾員
課館遞年每月捐錢貳千文　時葉
帮聶廷芝各捐銀貳百伍拾兩　謝
道典孫子捐銀壹百玖拾兩　謝孝揚
孫子捐銀壹百捌拾兩　徐本典孫子捐

福州學院前王友三鐫字

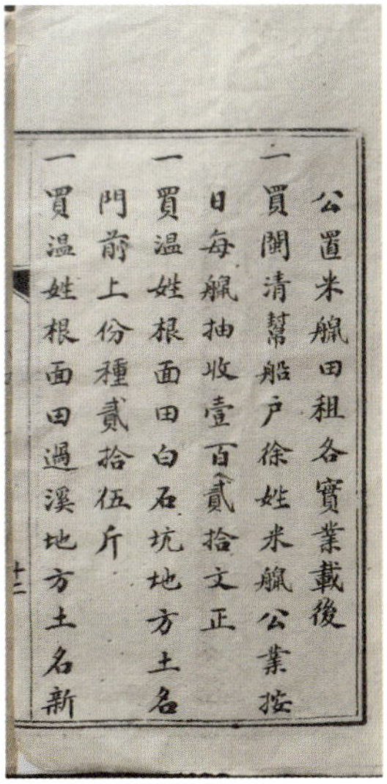
公置米艉田租各實業載後
一買閩清幕船户徐姓米艉公業捻
日每艉抽收壹百貳拾文正
一買温姓根面田白石坑地方土名
門前上份種貳拾伍斤
一買温姓根面田過溪地方土名新

《龙江书院志》（光绪本）书影

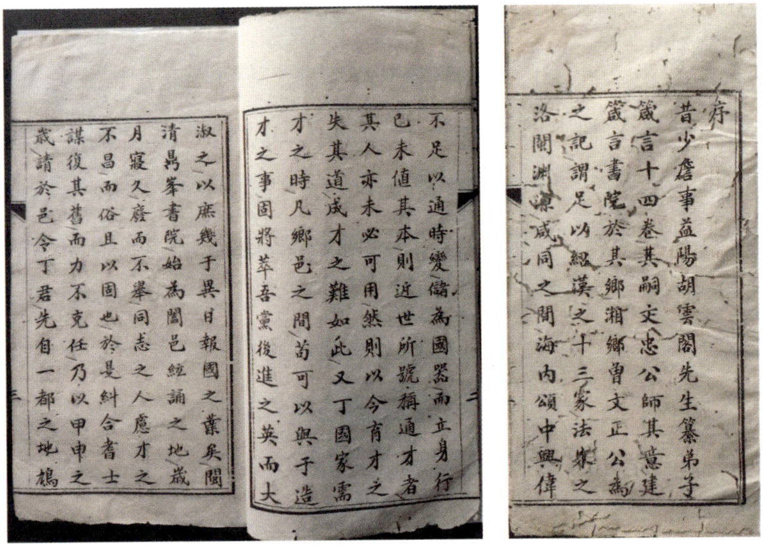

不足以通時變儲為國器而立身行
己未植其本則近世所號稱通才者
其人亦未必可用然則以今育才之
失其道成才之難如此又丁國家需
才之時凡鄉邑之間苟可以與于造
才之事固將萃吾黨後進之英而大

淑之以庶幾于異日報國之業矣闔
清昌峯書院始為闔邑絃誦之地歲
月寖久廢而不舉同志之人慮才之
不昌而俗且以固也於是糾合耆士
謀復其舊而力不克任乃以甲申之
歲請於邑令丁君先自一都之地鵠

序
昔少詹事益陽胡雲閣先生纂弟子
箴言十四卷其嗣文忠公師其意建
箴言書院於其鄉湘鄉曾文正公為
之記謂足以紹漢之十三家法衆之
洛閩淵源咸同之間海內頌中興偉

《龙江书院志》（光绪本）书影

之泽，不行于州党闾比之间。学校之地，足以引人利禄之途，不足以造有用之学。”文中对当时读书人提出学习要求：“士生于今日，非明中外古今之故，则不足以通时达变，储为国器。”继而又感叹人才养成之难，说：“立身行已未植其本，则近世所号称通才者，其人亦未必可用。然则以今育才之失其道，成才之难如此。”他对龙江书院寄予希望：“凡乡邑之间，苟可以与于造才之事，固将萃吾党后进之英而大淑之，以庶几于异日报国之业矣。”当时科举制度也早已腐坏，且近代以后这种“学习”内容已不足应对“时务”，故即使朝廷“多次谋略改革科举”[①]，但对全面堕落的学风与士习，终究亦不能力挽狂澜。传统教育在历史发展中逐渐形成三个体系，即官学、私学、书院。书院教育内容自与前二者有不同之处，但许多时候书院与官学有着密不可分的关系。有时它独立

① 李世愉、胡平：《中国科举制度通史》（清代卷），上海人民出版社2018年版，第710—759页。

于官学之外，有着自身所追求的教育目标；有时它也被“官学化”，在某些历史时期里沦为科举考试之附庸。从某种角度说，清代书院的普及，延续了科举制度存在的时间。书院的创建者与讲学者，他们多能“以道自任”，不断给科举制度注入新鲜空气。

龙江书院承载着当年闽清的教育重任，书院碑记揭示了该书院的教育宗旨与目标：“闽清鼎峰书院，始为阖邑弦诵之地，岁月浸久，废而不举。同志之人虑才之不昌，而俗且以固也，于是纠合耆士谋复其旧，而力不克任。乃以甲申之岁（1884），请于邑令丁君，先自一都之地纠资，以为之倡，更其名曰‘龙江’。”

科举制度自隋至清，成为古代社会抡才大典，它体现公平原则，使寻常百姓能够通过层层考试，最终转变身份，这是跨越阶级的转变，实为古代社会一大进步。但同时科举制度也随时间推移而弊端百出，且每况愈下。至清末，科举制度更是混乱不堪。当时书院多与科举捆绑在一起，沦为考试附庸，虽名书院，实则等同官学，积弊日重。史载：“院中传习，仅以时文帖括猎取科名，而经史之故籍无存也，圣贤之实学无与也。山长则瞻徇请托，不校其学行，惟第其科名，甚则贿赂苞苴喧腾众口。”这是普遍现象，不独闽清如此，全国其他地方亦然，故碑记直接对当时教育进行指斥：“学校之地，足以引人利禄之途，不足以造有用之学。”

（五）从《弟子箴言》看龙江书院教育思想

针对科举弊端，闽清有识之士创办龙江书院，开始延续书院“补学校之不逮”的老传统。而论龙江书院教育，不得不先提胡云阁。

胡达源（1777—1841），字清甫，号云阁，晚清重臣、湖北巡抚胡林翼之父。嘉庆二十四年（1819）中殿试一甲三名进士，授翰林院编修，累官至詹事府少詹事，事迹入《清史列传·儒林传》。其所编著的《弟子箴言》与书院教育极有关系。该书首次刊刻时间约在道光十五年（1835）。

此书付梓后备受学界、教育界推崇，后连续再版，直至民国仍风行不衰。龙江书院也受其教育思想影响，《龙江书院碑记》开篇即说："昔少詹事益阳胡云阁先生纂《弟子箴言》十四卷，其嗣文忠公师其意，建箴言书院于其乡。湘乡曾文正公为之记，谓足以绍汉之十三家，法宋之洛闽渊源。咸同之间，海内颂中兴伟业，推两湖人才之盛，而其时胡公开府湖北，实以扶植人才为己任，盖胡氏父子再世育才之意至不可及矣。"古代书院教学所追求的最终目标是立德、立功、立言。而通过书院学习以涵养德性，则是书院教育的基本追求。诚如吴大澂为本书所作的序中所言："其蓄之也正，则成光明磊落之器，出为社稷民人所倚赖"。

咸丰三年（1853），胡林翼在湖南益阳建箴言书院（益阳市箴言中学前身），书院以《弟子箴言》所阐述的教义为书院教育宗旨："课徒取士，必讲求器识上下、古今之变"，该书院设山长、监院、首事、掌管、司书等督办院务。这本著作得到众多名宦、学者肯定，清代学者、书画家吴大澂曾为此书作序，序中所指出的当时学校教育弊端是普遍存在的："自世教衰，师道不立……父兄不之督、美恶不之问，其能操觚为时艺取功名者，则群嗟叹以为贤子弟，其子弟亦遂自贤而不知复有所谓学……力行以实其学，体裕而用广，俗美而化成，此则宫詹著书之意"，并认为它"其名为'小学'之书，其实乃大人之事"。[①]这说明社会学问日卑，风气日下，生徒所谓学习则专注科举文章，已不再讲求圣贤之学，而《弟子箴言》编纂要义即是要引导生徒回归儒家学问。

胡林翼言其父之学"由宋五子，上推孔孟之旨，而尤严于公私义利之际，始于切近，以致远大。尝谓'为学自蒙养始'，故其教人必以朱子

① （清）胡达源著，胡林翼原校：《弟子箴言校注》，冯一校注，中州古籍出版社 2021 年版，第 1—8 页。

《小学》《近思录》诸书为先”。而从道光十五年（1835）胡达源所作《弟子箴言序》中，可以知道他的教育思想：他认为要及早教育后辈，而其中关键在于首先应该学习历史名人的名言、事迹，以从中提高人生境界：“然则教弟子者，岂可以不豫哉。达源方六岁，先祖襟江公教之读书，于古人嘉言善行，随时指况。”同时再通过儒学著作反复对生徒进行劝诫，并加以引导：“于是撮举旧闻往复告语，引伸之以畅其义，曲喻之以达其情，或援经以明得失之几，或证史以立是非之鉴。”而这教育“课程”中，首要的在于“奋志气”“正身心”，而后学生自然能“以圣贤为必可学，以道德为必可行，时敏日新，无少间断”，如此则于生徒自身德业及国家社会有莫大裨益。

《弟子箴言》强调学古训以致用，即在事业上能够明理达用，并要求将圣贤言语切已体察，做到收心向学。书中收录了许多前贤读书态度、治学方法等，如书中曾援引朱子之语云：“昔陈烈先生，苦无记性。一日，读《孟子》‘学问之道无他，求其放心而已矣’，忽悟曰：‘我心不曾收得，如何记得书？’遂闭门静坐，不读书百余日，以收放心；却去读书，遂一览无遗。”

光绪十九年（1893）十二月，吴大澂曾“手录先生训俗语六条，交裕守刻之，颁示各书院肄业诸生”。[①]而他针对该书卷六《睦族邻》“彭泽王孟箕先生《讲宗约会规》，每月两会……盖讲之以经书典故，使知各当如此……则会讲之益，岂小补哉”一条，也下批语说：“会讲最为有益，若行之于书院，使院长与诸生皆有讲习讨论之益，岂不甚善？”但在此之前，龙江书院应该早将书中内容教授闽清学子，较早地实践了《弟子箴言》

① （清）胡达源著，胡林翼原校：《弟子箴言校注》，冯一校注，中州古籍出版社2021年版，第1—8页。

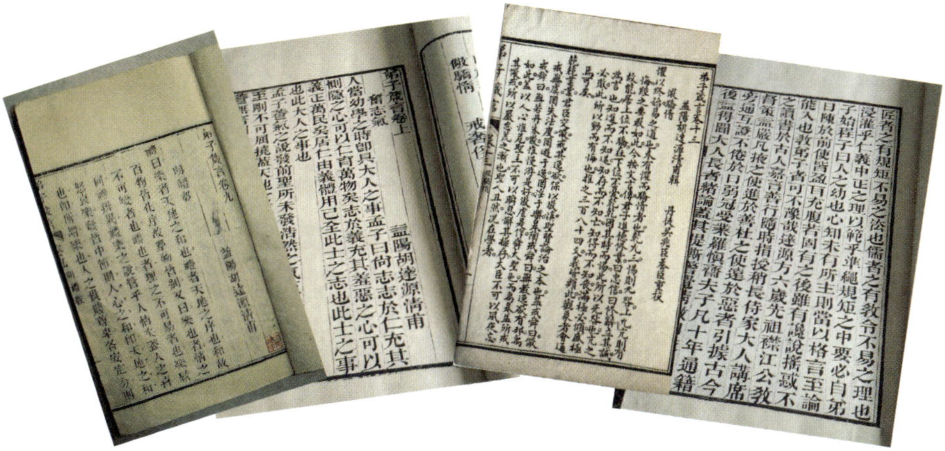

胡达源《弟子箴言》书影

中所传授的讲学方法与读书门道。笔者推测《弟子箴言》一书就是当年龙江书院的教学课程或“教材”。今按其书抄录几条如下，以具体说明其中思想：

卷一《奋志气》云：“富贵子弟，易于骄淫，苟能脱去纨绔气习，勉强学问，卓然树立，即孟子所谓‘富贵不能淫’。贫贱子弟，易于委靡，苟能竖起寒酸脊梁，洒落风尘，卓然振拔，即孟子所谓‘贫贱不能移’。”

卷二《勤学问》云：“《文言》曰：‘君子学以聚之，问以辨之。’盖理具于心，而散于事物，必博学周知，俾万理皆聚，而无所遗；必审问剖决，俾万理皆辨，而无所惑，此君子进德之要也。”

卷三《正身心》云：“身心若要勤紧收拾，须将‘整齐严肃’四字，时悬于心目之间。学者以九容范其身，则身在规矩中矣；以九思范其心，则心在规矩中矣。此持敬之要法也。朱子曰：‘九容九思，便是涵养。’”

卷四《慎言语》云：“人之易其言也，无责耳矣。见责于君子，犹可为鉴戒之益；见责于小人，则不免耻辱之加，且不独耻辱而已，语言之恨，机伏戈矛。《书》曰‘惟口兴戎’，《诗》曰‘无言不雠’，然则易言之责，岂小也哉！”

卷五《笃伦纪》云：“杨文公《家训》曰：‘童稚之学，不止记诵，养其良知良能，当以先入之言为主。日记故事，不拘今古，如黄香扇枕、陆绩怀橘、叔敖阴德、子路负米之类，只如俗说，使晓此道理，久久成熟，德性若自然矣。’”

曾国藩也读过此书，并评价说“（该书）自洒扫应对以及天地经纶、百家学术，靡不毕具。甄录古人嘉言，衷以己意，辞浅而旨深”。《龙江书院记》最后写道：“学者能见夫此，各自淬励以底于成。异日所造视胡公之于益阳未知何如，而其立体达用之意，不以世俗之学暴弃其身者，亦庶几乎胡公箴言之意矣。”

（六）名师主讲书院

光绪年间，因为原闽清鼎峰书院膏火无多，不能延师考课。于是光绪十年（1884），邑令丁公提倡捐募，合县治谷口、扶山、后桥、东坑、陈洋、塔头、里洋、深坑、龙兴、西园、马坪、祥溪口、东坑、石榴洋、上湖、摩天岭、仓山塘、梅埔、白河江、二都、樟峰、白云渡、鹤炉等乡集成巨款，以修建这所书院。现存“龙江书院捐款记名”碑上，即镌刻着数以百计捐款人芳名。其首行为“县正堂高筹充银番壹百壹拾员”字样，可见知县在办学中亦起到垂范作用。有了官方支持，龙江书院获得了全方位的发展。

重建后的书院“置田出息，聘省会先达陈际荣、叶大琛、吴曾祺、江畲经等主讲，文风为之一振”。至此，龙江书院翻开新的一页，而这段时间内所发生的故事，应该是龙江书院中最值得展开的历史。

龙江书院主讲多名师，据民国《闽清县志》记载，龙江书院讲学者有陈际荣、叶大琛、吴曾祺、江畲经等人。叶大琛，光绪八年（1882）中举，曾任职福建通志局等处。江畲经，闽县人，曾任宁波知府等职，其曾响应近代文学家林纾倡议，成立天足会，动员妇女革除缠足陋习，由县而乡，“三寸弓鞋”日渐减少。而吴曾祺是近代著名学者，藏书家，今简要介绍其事迹如下：

吴曾祺（1852—1929），字翼亭（一作翊庭），人称涵芬先生，家住福州北门华林坊。他于光绪二年（1876）中举，曾在全闽师范学堂（任教务长）、上海商务印书馆、福建经学会（任副会长）等处任职。曾协助张元济、高梦旦创办“涵芬楼图书馆”，后又主持古今秘籍珍本的编辑工作。其间他住该馆涵芬楼，利用楼中数十万卷藏书，摘取精华，于宣统二年（1910）编成《涵芬楼古今文钞》100册。该书搜罗宏富，文达万篇，可谓用力甚勤。此外，吴曾祺一生编、著、辑、注有《中学国文教科书》

《旧小说》《涵芬楼藏书目录》《礼记菁华录》《历代名人书札》《国语韦解补正》《战国策补注》《中国历史读本》《左传菁华录》《涵芬楼文谈》《历代名人小简》《历代名人小简续编》《清史纲要》《漪香山馆文集》《闽方言考叙》《张文厚公文集》《赋钞》等，[①] 在中华文献整理及古典文化传播上倾注了毕生心力。吴曾祺所留下来的治学理论，至今值得借鉴，无论是读书、写作还是文史研究。

吴曾祺学以"经"为本，曾说："学文之道，首先宗经。未有经学不明，而能擅文章之胜者。"[②] 他强调熟知历史对作文的重要性："文以积理为主，是固然矣。然天下之理，不能凭虚而构，必有所附丽（依附）而始见，则史学贵焉。"[③] 他主张将读书一事落到为人处世上，将历史中的人和事作为镜鉴："读史之余，不能不以论古为事，惟论古之法，要在取古人成迹，一一如身入其中，为之反复当日之事势，然后可断其是非得失之所在。"在"治史篇"中，他还倡导为学者应该熟悉《史记》《汉书》《后汉书》《五代史》等书，并深入体会有关篇章，说："夫于二十四史中，仅仅读此四书，似亦非至难之事，或才力更有不及。则于四书中，一书取其数十篇，或十余篇，涵泳玩绎，神与古会，亦足以为受益之地。"在《涵芬楼文谈》中，他又以先秦名家著作及《说文》等书为例，或对内容钩玄提要，或指示读书门径；同时又阐明辨别文体、通晓文法、材料积累、诗文命题、修辞、炼字、运笔、核实、称量（文章对人的评价须合乎分寸）、设喻、征故（取古事以证实）、省文（力免重复）、适机（指写文章要掌握成熟的时机）、存疑、切情（作文需有真实情感）、涉趣（讲求文章趣味）、因习（书写

① 福州市政协文史资料和学习宣传委员会编，杨凡主编：《福州人与商务印书馆》，福建美术出版社 2018 年版，第 125 页。

② （清）吴曾祺：《涵芬楼文谈》，金城出版社 2011 年版，第 1 页。

③ （清）吴曾祺：《涵芬楼文谈》，金城出版社 2011 年版，第 5 页。

熟悉领域）、写景、状物、传神、含蓄、割爱（结构要疏密得当）等技巧。在这些篇章中，吴曾祺教人文章作法，分析文章结构，对写作素材取舍、谋篇布局、遣词造句的技巧，乃至创作心理、论文意旨、文章精神等都作了简明扼要的解说，这些理论反映了他的文学修养。

由于这几位“省会先达”主讲书院，县志中所说“文风为之一振”绝非虚语。

在清代，中国书院发展达到最高峰，大大小小的书院遍布城乡，而同时这一制度与教学形式也逐步走向没落，似乎它又应验了中国老话所说的“盛极必衰”的道理。晚清时，书院由于高度官学化等原因，导致弊端百出，各种问题层出不穷。光绪二十二年（1896），时任山西巡抚胡聘之上《请变通书院章程折》云：“查近日书院之弊，或空谈讲学，或溺志词章，既皆无裨实用，其下者专摹帖括，注意膏奖，志趣卑陋，安望有所成就？”[①] 从“百日维新”期间书院改制始，至清末“新政”正式颁布书院改制诏令，这预示着古代教育体系中的书院制度也将终止它的生命。

光绪二十七年（1901）八月，清廷颁布“兴学诏书”，令“各省所有书院于省城均改设大学堂，各府及直隶州均改设中学堂，各州县均改设小学堂”。在这种大趋势下，光绪二十九年，龙江书院也改为龙江两等小学堂。光绪三十四年，全梅简易师范学堂创办于福州台江，堂长为许昭麟，学生40人，学制一年。学校经费由龙江书院产业“悉数攒充，并特别题捐”。至此，全国书院改制也基本完成，“书院”一词成为历史过往，渐渐淡出人们的视线。

无论是清末所建的龙江书院，还是民国时期的学堂都已成为历史。曾经的书院已消逝，周遭环境也历经了翻天覆地的变化。或许从清邑生员

① 陈谷嘉、邓洪波主编：《中国书院史资料》，浙江教育出版社1998年版，第1986页。

林兆昂诗中，可以感知古人经过龙江书院时的情境，且留一张历史珍影：

溪流如驶复如环，百里来趋郭外山。
闻道江头钟闲气，春涛秋浪见龙还。

二、鼎峰书院

论鼎峰书院文脉，至少可以追溯到宋代。

有资料载，“林学蒙宅”在县治鼎峰梅溪之阳，山水奇秀，双岩之下，传为神龙所居。宋代理学家黄榦曾作《林正卿龙门庵记》云：

> 龙门之地居民为城邑、为乡井而居之……吾友林正卿所居之乡，山曰鼎峰，水曰梅溪，鼎峰之山折为二枝，东西迭起，仰而相向，俯而相就，卒而交互以相入梅溪之水，沿山而流，若往而复，若抵而融，若停而滀，滀知其所自出，如是者十余里，然后耸为双崖，泻为三滩，崖束滩駃，嵂崒澎湃，露怪呈奇，不可名状。①

记中极言山川及地理形势。因此地风景优美，位置得天独厚，故“其乡士友，顾而乐之，于崖之东，结为茅，名为‘龙门’，以为祈祷游览之地”。林学蒙等先贤多“好义而喜文”，对儒学皆有所实践和发明。黄榦认为养成学问的基础，也有得益于鼎峰山水，并将山水化人的理论阐释得淋漓尽致，他说：“则山川之气习，使然也。然人同囿于气，当有充

黄榦像

① （宋）黄榦：《黄文肃勉斋公文集》卷十七。

其气。山之高，水之流深，神龙之变化，苟有以充吾，分内事耳！不然，渔樵耕牧往来其间者相踵也，于我何有焉？”

先儒林学蒙与林学履，俱从朱子学。

“伪学”禁起，林学蒙筑室居此，传朱子曾镌“龙门”二字于右，于是遂有龙门庵。据《茶口林氏族谱》载，后来林氏后学林缙，追忆先辈燕居、讲学之事，并为《龙门庵记》作跋云：“盖梅坞先生为自延平，因家遭兵燹，乃依季叔。筑室于其下，犹不废讲学之业，而道德性命之懿，至今尚明于世，得非先生之所遗欤？是书其记者，非以记龙门山川云秀也，实以记先生讲学之地也，兹谱垂之不朽，则记亦垂之不朽，谱与记而俱传，则先生奋乎，百世之下闻者，莫不与起者欤？”

林学蒙（字正卿，一说永泰人、一说闽清人）其筑室教学历史，也被写入闽清书院教育史话中。他数次到建阳考亭向朱熹学习，得朱熹之教甚多。朱子学被禁止时，他筑室龙门庵梅坞下讲道德性命之旨，于是乡人师之，人称梅坞先生。其讲授儒家学说，受到朱熹称赞，著有《易解》《梅坞集》等。

此时鼎峰下讲学处虽然并未以书院命名，但实际上已出现书院教学的某些端倪。林学蒙曾与黄榦交游，《勉斋黄直卿与林正卿书》中，记录了相关信息，借此亦可窥探宋代理学思想一斑。

鼎峰书院周遭有溪环流，临流有槐树数株，宛似翠屏，环境可谓清胜。书院所存留旧物与当时的环境业已不存，然而俯读文献，足以令人生发清思，应知书院韵致，隽永绵长。书院整体景观给世人一种“形象”——知古人读书常与山水为伴。书院文化赋予闽清山水内涵，有关诗文作品构成那段山水独特意象，也排遣了无数文人的心声，留下了许多生动有趣的书院故事。

起初，鼎峰书院草创未备，因黄登鲸于清道光六年（1826）考中进士（后任职四川、江苏等地），知县方亨衢感慨颇多，于是写下《示诸首事诗》，面对山川，他兴起幽思，缅怀梅邑历代名贤；又抚今追昔，将无限感慨尽诉于笔墨之中。

诗云：

鼎峰矗以直，梅水行以折。扶舆蓄灵气，应候产英杰。
在昔赵宋间，伟人继掀揭。二陈著作宏，千岩诗笔绝。
冲元裕政绩，师雍厉风节。一时蔚然兴，缕视难称说。
奈何后起者，苦不逮前哲，盛朝重甲第，百年惟一列。
前顾殊茫茫，循途渺无辙。巍峨青云梯，可望不可掇。
遂令志学辈，翘首还气结。碧洲诚名宿，六艺富采撷。
壮岁踬春明，白首未肯辍。老骥曾风尘，霜蹄竟超轶。
泥金一朝捷，顿使我心悦。念兹占毕伦，相视肠内热。
心仪藉以坚，踵继兆可决。坠绪此焉在，绵绵等瓜瓞。
经畬信有灵，粪种还须切。莫漫诿天运，端赖人功竭。
谁无阶前树，转瞬琼枝茁，所务培其根，干霄起萌蘖。
君乃邑之望，骥子驰金埒，高冈蔚乔松，余荫遍云岊。
楩楠看森立，桢干起阀阅，古人尚可追，勖哉绍前烈。[1]

历史走得太快，一些细节还没来得及回味，就已消逝得无影无踪，亦正如鼎峰书院的那段岁月。清末，鼎峰书院走向没落，名存实亡。光绪初，王启渠任职闽清。王启渠，进士，性慈和，公事用刑时或至流涕，“去

① 刘训瑺纂修：《闽清县志·建筑志》。

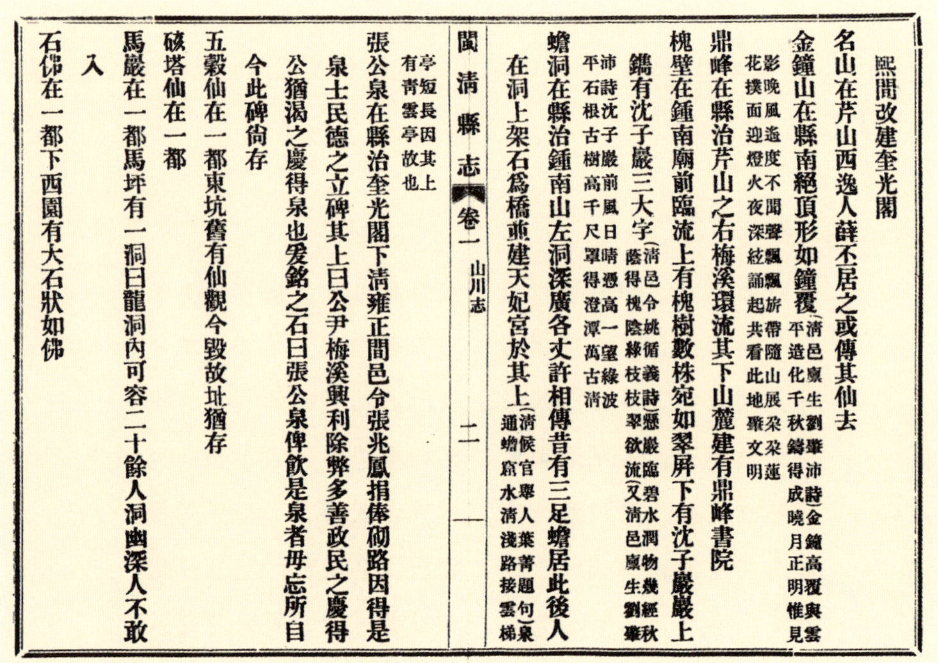

熙間改建奎光閣
名山在芹山西逸人薛不居之或傳其仙去
金鐘山在縣南絕頂形如鐘覆（清邑廩生劉肇沛詩金鐘高覆與雲平造化千秋鑄得成曉月正明惟見影晚風遙度不聞聲飄飄旂帶隨山展朵朵蓮花撲面迎燈火夜深絃誦起共看此地雞文明）
鼎峰在縣治芹山之右梅溪環流其下山麓建有鼎峰書院
槐壁在鍾南廟前臨流上有槐樹數株宛如翠屏下有沈子巖巖上鐫有沈子巖三大字（清邑令姚循義詩懸巖臨碧水潤物幾經秋蔭得槐陰綠枝枝翠欲流又清邑廩生劉肇沛詩沈子巖前風日晴憑高一望綠波平石根古樹高千尺罩得澄潭萬古清）
蟾洞在縣治鍾南山左洞深廣各丈許相傳昔有三足蟾居此後人在洞上架石爲橋再建天妃宮於其上（清候官舉人葉菁題句泉通蟾窟水清淺路接雲梯）

閩清縣志　卷一　山川志　二

亭短長因其上有青雲亭故也
張公泉在縣治奎光閣下清雍正間邑令張光鳳捐俸砌路因得是泉士民德之立碑其上曰公尹梅溪興利除弊多善政民之慶得公猶渴之慶得泉也爰銘之石曰張公泉俾飲是泉者毋忘所自今此碑尚存
五穀仙在一都東坑舊有仙觀今毀故址猶存
硋塔仙在一都
馬巖在一都馬坪有一洞曰龍洞內可容二十餘人洞幽深人不敢入
石佛在一都下西園有大石狀如佛

民国《闽清县志·山川志》中关于鼎峰书院的记载

官之日，民皆焚香泣送之”。[①] 任上，他加意整顿鼎峰书院，使“旬有课，季有考”。同时他心系闽清教育，“捐俸以为膏火”，其间读书书院者多有成材。

后来鼎峰书院因膏火缺乏，难以为继。如同多数书院的命运一样：“嗣因膏火无多，不能延师考课”，于是“岁月浸久，废而不举”。

一说，光绪十年（1884），在鼎峰书院旧址上恢复龙江书院，然而鼎峰书院能不能算是龙江书院前身，或此说信息是否阙误，留待将来考证。而在此不得不提一笔“正音书院”，民国《闽清县志》载：“正音书院在

① 刘训瑺纂修：《闽清县志·循吏传》。

邑钟南山上，清雍正七年（1729）设。后改为鼎峰书院。”[1]这所书院与传统书院稍有区别，它不以传经载道为主，书院中也没有四书五经等课程。

正音书院虽有书院之名，但其功能及教育目标实有别于传统书院。福建地区许多州县皆设立正音书院，“清代雍正七年（1729）以后，福建所有府、州、县都建立了以学习清朝官话为教学内容的正音书院。”[2]而书院的教学目标顾名思义即为“正音”，即统一语言。该书院中设正音教职，以教习“官话”。院中不设院长（山长）、监院，教务由地方行政长官直接管理，对教师的资质认定，强调能够以“官话读书”，而对其出身和品行则无严格要求，如清廷规定，掌教者就“邻近延请官话读书”之人充任。湖南大学岳麓书院教授邓洪波在《正音书院与清代的官话运动》一文中曾指出：“这种单一的任务也就决定了它的事业不是研究、传播传统的学术文化与知识，而是专科的语言语音研究与教学，而且首先是教学。”

有关清廷设立正音书院之用意，只要看一些旧材料即可明了。

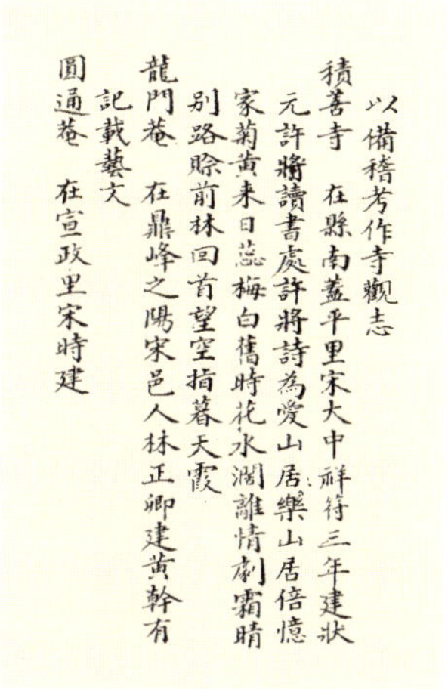
以備稽考作寺觀志
積善寺 在縣南蓋平里宋大中祥符三年建狀元許將讀書處許將詩為愛山居樂山居倍憶家菊黃來日蕊梅白舊時花水澗離情劇霽晴別路賒前林回首望空指暮天霞
龍門菴 在鼎峰之陽宋邑人林正卿建黃幹有記載藝文
圓通菴 在宣政里宋時建

乾隆《闽清县志》书影

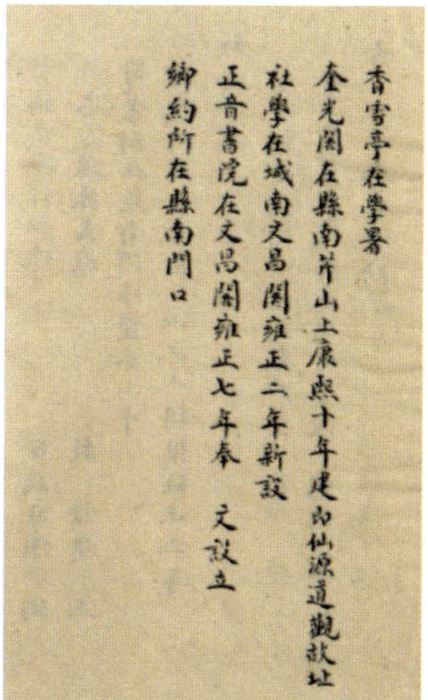
香雪亭在學署
奎光閣在縣南芹山上康熙十年建由仙源道觀故址
社學在城南文昌閣雍正二年新設
正音書院在文昌閣雍正七年奉 文設立
鄉約所在縣南門口

乾隆《闽清县志》中关于正音书院的记载

① 刘训瑺纂修：《闽清县志·建筑志》。
② 刘海峰、庄明水：《福建教育史》，福建教育出版社 1996 年版，第 190 页。

雍正六年（1728），朝廷发布上谕：

凡官员有莅民之责，其言语必使人人共晓，然后可以通达民情，熟悉地方事宜而办理无误。是以古者六书之训，必使谐声会意，娴习语音，皆所以成遵道之风，著同文之治也。朕每引见大小臣工，凡陈奏履历之时，惟有闽、广两省之人，仍系乡音，不可通晓。夫伊等以现登仕籍之人，经赴部演礼之后，其敷奏对场，尚有不可通晓之语，则赴任他省，又安能宣读训谕，审断词讼，皆历历清楚，使小民而共晓乎？官民上下，语言不通，必使胥吏从中代为传递，于是添设假借，百弊丛生，而事理之贻误多矣。且此两省之人，其语言既不可通晓，不但伊等历任他省，不能深悉下民之情，即伊等身为编氓，亦不能明白官长之意。[①]

雍正六年（1728）议准：

伏读上谕，广东、福建人多不谙官话，著地方官训导，仰见圣天子睿虑周详……查五方乡语不同，而字音则四海如一，只因用乡语读书，以致字音读惯后，虽学习官话，亦觉舌音难转。应令该督抚、学政，于凡系乡音读书之处，谕令有力之家，先于邻近延请官话读书之师，教其子弟，转相授受，以八年为限。八年之外，如生员、贡监不能官话者，暂停其乡试，学政不准送科举；举人不能官话者，暂停其会试，布政使不准起文送部；童生不能官话者，府州县不准取送学政考试，俟学习通晓官话之时，再准其应试。通行凡有乡音

① （清）施鸿保：《闽杂记·正音书院》。

之省，一体遵行。

正式官方文件下达以后，一场“正音运动”迅速开展，《清稗类钞》载：“闽中郡县皆有正音书院，即为教授官音之地。”乾隆二年（1737）议准：“转饬各州县，凡校士课农与士民相见之时，常以官话相劝示。而教官于月课生童时，逐一实心教导，务其通晓官音，不使狃于积习。”并且将此事纳入官员考核范畴，“其有能厘正一州一邑者，该督抚遇有保荐之时，一并叙入政绩；其漫不经心者，记过示惩”。

大概由于施行效力不大，或“乡音难改”之缘故，总之几经教习仍无法奏效。于是乾隆三十九年（1774），朝廷对正音教育再作调整，以推进这项“正音运动”。然而由于全省士民众多，正音书院内所收生员有限，故短期内难以普及。“教习多年，乡音仍旧”。这场“正音运动”虽然没有取得显著成效，但它对语音教育事业却大有助益，它将我国普通话教育教学的历史向前推进了两百余年。

三、二陈祠说略

按《闽清县教育志》等书记载，宋治平四年（1067）在县城南面兴建龙冈书院。《闽清县志·学校志》亦载：“龙冈书院在县南。”宋进士陈祥道、陈旸兄弟曾就学于此，这让闽清人津津乐道。关于书院的历史沿革语焉不详，但闽清历代书院中皆存留“礼乐文化”印迹，这点不可否认，且二陈祠曾经是龙江书院建筑的组成部分。

陈祥道、陈旸纪念堂

（一）二陈祠沿革概略

陈寿祺可以算是福建书院史上一个标杆式的人物，在中国文化史上亦能占据一席之地。他曾写过一篇“二陈先生祠纪略”，从文章中，可以知道二陈祠始建时间及其历史沿革：

闽清二陈先生之祭于乡久矣。按淳熙《三山志》，绍圣二年（1095），祝圣为宰，侍郎晋之初擢制科第一归，邑人新其学，作堂以祀其兄博士祐之，郑居中祀（按：“祀”应为“记”）之。政和中，尚书黄裳复以博士解经功，图像郡学先贤堂。明始合祀二先生于邑之龙江书院。而城南盘谷山之麓，有博士家祠，明季书院毁，移祀二先生于此，国初仍之。雍正十二年（1734），有司请帑葺治，春秋肃事，置其裔为奉祠生。盖六百八十有余年于今矣。番禺居公莅政之始，式观人文，以旧宇湫隘，揆度数年，乃以嘉庆癸酉与邑士君子建合祠于其学明伦堂之后，而二先生之所以食其报者，盖远而光。①

陈寿祺是清代著名儒学家，为人立身道义，学与年进。其治经学博通汉宋，造诣极其深厚。其著作等身，张之洞作《书目答问》指导士子读书，亦选介其部分著作。今人将其大部分著作汇为《陈寿祺全集》（49册），由广陵书社出版。据《福建通志》载，他一生致力于文化与教育，历主杭州敷文书院、诂经精舍（任教习），泉州清源书院、福州鳌峰书院讲习，教导学生，“以崇廉耻、践礼法、研经术为尚”，对清代学坛乃至后世都产生了一定的影响，林则徐品评其人曰：“近代诸作者，俯视如鱼唫。南抗朱（彝尊）与顾（炎武），北陵太原阎（若璩）。”② 陈寿祺主讲福州鳌峰书院时，有心以书院为阵地，将新兴之汉学与程朱理学传统结合，在闽省培植汉宋并重的治学风尚，使学术蔚为大观。他借鉴前人管理书院的经验，着手书院改革。他重视生徒的人格修养与事功绩业，也重视他们的经史学业，希望学生能够成为“处可立言以传世，出可敷政而佐时”的通经致用之才。他在道光五年（1825）制定的《鳌峰崇正讲堂规约八则》中包括“正心术、慎交游、广学问、稽习业、择经籍、严课规、肃威仪、严出入”等内容，规约言语真挚，具体为生徒安排读书计划，为其指示治学门径及规范日常行仪。这则规约颁布后被大家视为治学、修身指南，在福建地区辗转传抄，一时洛阳纸贵。陈寿祺通过一系列教学改革，改变鳌峰书院因一味课习举业而荒废经史之学的现象，也在闽省建立起崇尚实

① （民国）《闽清县志》卷五（成文出版社1967年版）。

② 林则徐全集编辑委员会编：《林则徐全集》第六册，海峡文艺出版社2002年版，第48页。

学的风气，而当时闽清地区书院也受到陈寿祺学说影响。他写了这篇“二陈先生祠纪略”，这件事本身也隐含着他对“二陈”学术、文化的尊崇，以及他对闽清教育事业的关注。

刘训瑺《闽清县志》中“祠祀志”“列传”等篇亦对该祠有记载。“清雍正十三年（1735），发帑重修龙江书院，祀祥道及其弟旸于内。”“二陈先生祠一在县治明伦堂后，祀宋陈祥道及弟旸”，这是嘉庆十八年（1813）闽清知县所建。“（二陈祠）一在南门外盘谷山麓，清雍正十二年（1734）发帑重修，道光十八年（1838）圮于水；光绪二十九年（1903），邑裔生陈存宗、陈宗贤，副贡陈文明、陈梦新，生员陈誉举等禀请邑令倪源寿，于陈族鸠资购地移建在旧址后山之上。”

（二）二陈祠与书院祭祀文化

明代陈祥道、陈旸被合祀于龙江书院。至明季书院毁时，移祀至城南盘谷山麓“博士家祠”，清初也在这个地方。“番禺居公莅政”后，再“建合祠于其学明伦堂之后”，而清代龙江书院仍祭祀“二陈”。“二陈”礼乐文化是闽清人最值得骄傲，也最值得传述的事。笔者认为礼乐文化也是闽清书院的文化精神，明清两代均在龙江书院中祭祀“二陈”，这是书院的传统，也代表着礼乐文化在闽清文士心中的地位。

祭祀是书院四大功能之一，其余三者为讲学、藏书、刻书。祭祀是古代书院规制的重要组成部分，也是一种教育形式。祭祀的作用在于树立典型模范。在书院中举行祭礼，是礼敬先贤的一种方式，也是让书院学生“收心”的方法。通过祭祀儒家先贤，以期师生以模范人物为榜样，从而达到见贤思齐的作用。书院祭礼是书院学习、生活的制度，也诠释了书院的文化内涵。书院祭祀依据一定礼仪，有一套具体程式，而且是经常性的：在每月朔望，书院师生拜谒贤哲，活动一般由山长主持。大的祭祀活动，连地方长官也要来参加。“书院祭祀的人物，常常标志着书院的学术方向和学风。因此，一般书院除祭祀公认的儒家先圣先师先贤之外，都对自己学派的代表人物特别加以祭祀。通过祭祀的人物表明自己的宗旨。”[1]龙江书院建二陈祠，这正是代表着一种学术趋向，也反映了书院文化之一面。

甲午战争后，书院教育出现变数。许多有识之士皆认为：“时局日急，只有兴学育才为救危之法”，而“整顿书院，尤刻不容缓”。邓洪波所著《中国书院志》一书，对此时期书院发展态势作过分析，现据相关内容整理并分述如下：

光绪二十一年（1895）闰五月，顺天府尹胡燏棻提出“改书院为学堂”，“弃章句小儒之习，求经济匡世之材”，建议“应先举省会书院，归并裁改，创立各项学堂”。其《变法自强疏·设立学堂以储人才》称：“泰西各国人才辈出，其本其源皆在于广设学堂，不仅商、工、医、农桑、矿务、格致、水师、陆师皆有学堂，而且女子、聋哑也受教育……反观中国，虽然各省也设立书院、义塾，制亦大备，但于八股、试帖、词赋、经义之外，一无讲求，又明知其无用，只因法令所在，相沿不改，‘人材消耗，实由于此’。”光绪二十二年四月，陕西巡抚张汝梅、学政赵维熙共同提出要设置新型实学书院：“世运之升降，视乎人材；人材之振兴，资于学校。书院者，所以辅学校之不逮也。陕西为文献旧邦，名臣大儒史不绝书，我朝教泽涵濡二百余年，尤称极盛。近经兵燹之余，元气未复，而关中宏道、味经各书院肄业诸生，多能讲求实学，研精典籍。盖陕人心质直而气果毅，贫不废读，故易于有成。惟其所服习者，经史之外，制艺、诗赋而已；明体或不能达用，考古或未必通今。迩来时局多艰，需材尤急，自非储其用于平日，万难收其效于临时。”五月，刑部左侍郎李端棻上《推广学校以励人才折》，重提改书院为学堂之事。其称：“惟育才之法匪限于一途，

① 陈元晖、尹德新、王炳照编著：《中国古代的书院制度》，上海教育出版社1981年版，第148页。

作人之风当遍于率土。臣请推广此意，自京师以及各省府州县皆设学堂。府州县学，选民间俊秀子弟年十二至二十者入学，其诸生以上欲学者听之。学中课程诵《四书》《通鉴》《小学》等书，而辅之以各国语言文字，及算学、天文、地理之粗浅者，万国古史近事之简明者，格致理之平易者，以三年为期。省学选诸生年二十五以下者入学，其举人以上欲学者听之。学中课程，诵经史子及国朝掌故诸书，而辅之以天文、舆地、算学、格致、制造、农桑、兵、矿、时事、交涉等书，以三年为期……”六月，胡聘之上《请变通书院章程折》，明确反对裁改书院为学堂，认为此举“眩于新法，标以西学之名，督以西士之教，势必举中国圣人数千年递传之道术而尽弃之，变本加厉，流弊何所底止”。但书院不整顿也不能适应社会需要，因此他提出方案：“方今外患迭起，创巨痛深，固宜有穷变通久之方，以因时而立政，但能不悖于正道，无妨兼取乎新法。顾深诋新学者，既滞于通今，未能一发其扃钥；过尊西学者，又轻于蔑古，不惮自决其藩篱。欲救二者之偏失，则惟有善变书院之法而已。”他主张变通章程，以整顿书院。

各地书院改革进入高潮之时，戊戌运动也拉开序幕，而实施书院改制是运动的主要内容之一。戊戌书院改制的设计者康有为在《请饬各省改书院淫祠为学堂折》中阐述了自己的观点，认为书院改学堂是快速变法求强方略之一，指出“……莫若因省府州县乡邑公私现有之书院、义学、社学、学塾，皆改为兼习中西之学校”。光绪二十四年（1898）五月二十二日，光绪皇帝采用康有为的建议，并发布上谕，限令两个月之内，将全国大小书院改为兼习中学、西学之学校。在壬寅学制（1902）、癸卯学制（1903）颁布以后，各省书院基本改制成学堂，于是“古老而传统的书院跨向近现代，接通中国文化教育发展的血脉，在改制中获得了永生”。

光绪二十九年（1903），全国士子都接受了这种“主流思想”，对原有书院教育已相对淡漠，而此时期的二陈祠也冷落了一段时间。这年，邑裔生陈存宗、陈宗贤，副贡陈文明、陈梦新，生员陈誉举等禀请邑令倪源寿，于陈族鸠资购地，将二陈祠移建在旧址后山之上。在新的形势下，闽清士子依然重视礼乐文化，坚守心中所向，赓续千年文化传统，这种现象是值得深思的。

礼乐文化包含礼乐制度，礼乐制度即秩序与规范，同时也是一种理想精神。《礼记·乐记》云："礼以道其志，乐以和其声。"多数书院在每月朔望举行祭礼，每日上课等也必有一定礼仪，但由于许多县级书院没有史料留传下来，遂导致这块历史空白。但可以根据一些省会大书院礼仪，以想见县级书院礼仪一斑。如福州鳌峰书院，"开馆散馆，经理道先期卜吉，拟定仪注，知照院长出牌示谕诸生……届期早临备办一切，铺设香烛，赞礼生、鼓吹手敬谨伺候，院长率诸生行礼"。"先贤祠每春秋二祭，发银拾贰两，经监院官备办猪羊祭仪，灯綵、鼓吹、礼生等伺候，院长主祭，仍由经理道委官一员同监院官陪祭，诸生分派执事，先期榜示，毋得临期愆仪，礼毕颁胙务须精洁。"[①] 如福州致用书院，"每岁开课前三日，山长示期各肄业者冠服入谒，不到者扣名。课期点名接卷，须各具冠服，盛暑不废。堂中每春秋二祭，山长主祭。监院禀请藩司委官一员同监院官陪祭，肄业者分派执事，毋得临期愆仪"。

中国社会无处不体现"礼节"。礼，也是古代书院核心内容之一。在书院，大到一座建筑，小到一本书的陈放，其中都有相应的规矩和范式。

① （清）游光绎等纂：《鳌峰书院志》，许维勤点校注释，海风出版社2014年版，第49页。

四、“二陈”读书事迹及学风影响

（一）“二陈”足迹

关于“二陈”读书处，首先要提到起傅岩。

起傅岩

位于云龙乡漈上村（漈上为古地名，今也作际上）的起傅岩，是陈祥道、陈安道、陈旸兄弟辟圃种梅读书处。今“起傅岩”题刻尚存，系宋绍兴状元张孝祥所书。陈祥道在这个地方不远处也题写了“龙首岗”三字。

张孝祥(1132—1170)，字安国，号于湖居士，乌江(今安徽和县东北)人。绍兴二十四年（1154）状元，南宋爱国词人，有《于湖词》《于湖居士文集》等。据《闽清县志》载，张孝祥在这里曾留诗一首，诗云：

欲识东君信去催，古人止渴意思梅。
根茎虽向春前发，枝叶曾经雪里开。
万木丛中推作首，千花圃内独为魁。
高才应是和羹手，何心须教傅说来。

闽清开闽寺（传说“二陈”在此附近读书）

该诗落款为“署名张安国、萧千岩题刻”。萧千岩系闽清籍南宋诗人，名德藻，字东夫，号千岩老人。曾官乌程令，晚年居湖州，著有《千岩择稿》。方回在《瀛奎律髓》中云：如果萧不早死，即杨万里犹出其下。

张孝祥曾经来闽清拜访过萧德藻，这处摩崖题刻背后隐藏着一段交游逸事，而更多史料尚待挖掘。陈氏三兄弟在这里读书，后人鉴于他们的文化贡献，故援引“傅说举于版筑之间”典故，名此处为“起傅岩”。傅说是殷商时期著名政治家、军事家，曾辅佐殷商高宗武丁安邦治国，此后出现“武丁中兴”盛世。书院教材中的经典著作《尚书》，其中“知之非艰，行之惟艰”一语，即其所说。命名此处为起傅岩，将其比为“圣人窟”“寓贤社”，同时也强调着读圣贤书应该强调实践，注重躬行的含义。故这一处文化遗迹对闽清书院教育有一定的意义，它使后人能够慕风怀想，也会使亲临者的内心受到文化洗礼。

起傅岩是闽清“名教乐地”，古来贤士多慕名前往瞻仰、凭吊，其中包括书院学子、当地主政官员以及闽清诸多历史名人。

清代闽清邑令姚循义作《题起傅岩》，诗云：

名山大业至今传，傅说岩前花萼联。
对策金门推国士，陈书秘苑重经筵。
香凝梅圃芳流远，瑞辑丹山泽未湮。
应有后来学步者，黎光又照草庐前。

闽清文化名人刘玉轩也曾写下《起傅岩怀古》二首：

一

起傅岩头草色苍，此中曾产秘书郎。
文章华国材谁并，礼乐成书道自长。
茅屋数椽供啸傲，梅溪千古仰贤良。
凤凰山上人何在，一带寒烟锁夕阳。

二

风云来遇忆幽居，起傅岩头旧有庐。
百里溪山能毓秀，万言礼乐早成书。
辉联棣萼人争羡，香爱梅花手自锄。
不是调羹基肇比，如何过客尚停车。

起傅岩题刻至今依然保存，但周围环境已经历翻天覆地的变化。它旁边的山路从古道演变成今天的国道。在起傅岩不远处有一座由“二陈”

倡建的古桥，横跨雌雄溪上，石板斑驳，尽显岁月痕迹。旧时漈上有古道与永福（今永泰）、闽侯相接，梅邑学子也多由此路进入省城，或由此北上进京。这座古桥是历史留下的一段记忆，它见证了梅邑学子求学之路，也为闽清的文化交流、传播提供了便利。身处丘壑中，桥下流水潺潺，恍若隔世。“二陈”在书院中所留下的史料太少，通过这座桥，或许可以想象：他们在梅邑学有所成，于是负笈前往他处深造，带着热忱的求知之心，带着文化理想走出了闽清。

在此，有必要提及辅（护）国积善院。有人认为该地是闽清历史上第一个教育场所，也是闽清千年文脉的发祥地。《闽清县志》中记录了它的位置：“积善寺，在七都盖平里凤栖山下。宋大中祥符三年，邑人黄彦荣率族属建，为其始祖黄敦墓庐。以田数顷充香火，奏请额敕名辅国积善院。”闽清状元许将还曾在其地作诗，其诗收录于《三山志》《闽清县志》等书中，其《别师·留题积善院》诗云：

云龙乡漈上村宋代石桥

宋代石桥上的石板

为爱山居乐，居山又忆家。
菊黄来日蕊，梅白去时花。
水阔离情远，霜晴别路赊。
前程回首望，空指暮天霞。

据传，“二陈”也曾在这里读书过。

再说贤良陂。

方志载：“贤良陂在二都，源出起傅岩，流至漈头岭，约三里余，为巨石所遏。邑人陈旸欲凿而通之，石工已备，无所措手。旸乃具命服拜祷，有顷，石岩自裂，其流遂通，人获灌溉之利甚溥。以旸应贤良科，故名。”

流传的逸闻趣事与诗词吟咏，正代表着乡人对“二陈”的追崇。还有他们足迹所到之处，那山那水也因其题咏而注入文化内涵，从而显得与众不同。且引“二陈”诗数首，以诠释闽清山水文化。陈祥道笔下描写白岩胜景的《杜鹃山》诗云：

斯山何绮丽，万树繁华吐。
高下布成林，参差开满路。
偏反惊电掣，闪烁云霞聚。
不须剪彩工，不须织锦谱。
年年一度红，春光足千古。

《珍珠帘》诗云：

东风飘拂雨纤纤，吹向空中草木霑。
记得传喧三殿日，恍疑天半撒珠帘。[①]

① 福建省文史研究馆整理：《全闽诗录》，福建人民出版社2011年版，第283页。

陈旸《龙都宫》诗云：

岩顶风云常不散，洞门日日吐烟霞。
济时偏解为霖雨，信是神仙第一家。

（二）“礼乐传家远，诗书继世长”

“二陈”对于中华“礼乐文化”贡献卓著，他们是时代标杆，也是中华传统文化中一个符号。祠堂正门前悬挂门联云：“礼乐传家远；诗书继世长。”这副联过于平常，因为在许多地方都可以看到类似的对句，它几乎是“放之四海而皆准”，但对于闽清而言，它确实是很贴切的。“二陈”的礼乐思想、学术影响着闽清及福建省许多书院礼仪构建与精神塑造，他们的事迹也早已变成一种榜样的力量，激励、鞭策着闽清学子乃至无

溁上村

梅邑陈氏祖祠

数学人在深耕中华文化这条路上不断向前行进。而讨论这副联句的内涵，或许可以从一个实物入手。

在祠堂边上立有一碑，即“十八学士先兆”碑。陈氏兄弟二人的读书故事也可以从这里说起。石碑记载着一个故事，在闽清广为流传。

“十八学士先兆”碑

石碑在村中，凤凰二山环绕，村边溪水潺潺，高崖飞瀑。走近村落，至今依然能够感受到一种野逸气息。陈旸高祖陈柄至此卜居，在一个仲夏夜，其在村中闲转至村西山脚松柏林时，忽觉浑身凉爽，遂趁月休憩于一方青石边。时有几只白鹤从其脚下石洞钻出，一飞冲天。陈柄认为仙鹤为吉祥鸟，欲捕捉饲养，于是用泥石将洞口封堵。一夜梦一老者告诉他：压抑、宠溺导致废物产生，与命运与自然抗争是成才之路。陈柄欲问究竟，而老者已经不见。梦醒后陈柄觉得老者之言蹊跷，后终于恍然大悟，不该堵住洞中白鹤，但再至洞口为时已晚，11只白鹤已死。他懊悔不已，同时也从梦中悟出教子道理：对儿孙溺宠将导致儿孙毁灭，使儿孙学会与命运抗争，才有可能成就自身。不久后，陈柄在仙鹤出没的松柏林里建房，并对儿孙严加管教。至陈旸一辈，陈家即出现“五子四登科”“一门七进士”的科场盛事。有传说称，如陈柄不堵洞口，余下11只白鹤也能飞走，那么陈家会出18个大学士，于是后人就在陈旸祖居前立“十八学士先兆”石碑。①

民间故事非“信史”，但故事的流传却通常有历史的影子，并反映地方社会文化、人群心理的一些情况。祖辈对后世的期待是族人进取路途中的一种力量，先人所留下的嘉言、懿行以及谆谆训诫也不断提醒后代应当如何为学、为人。古代社会倡导学优则仕，读书是唯一，也是最好的出路，此即“诗书继世”“礼乐传家”的内涵，这个道理也被不断强调。因为有了这样的期盼，所以家族中人创办私塾、书院者代不乏人。陈氏家族一门连出进士，这是偶然，也是必然。

“族虽未广，而门第高；人虽未夥，而文献盛。”这座小村落也因他们的文化、学术而闻名远近，前人所谓“地因人名”，就是这种现象。

（三）“棣萼一门双理学，梅溪千古两先生”

“二陈”一直为闽清士人效法的对象。明詹洪基曾说：“况吾邑之先，

① 此段故事根据吴必銮《古村名胜话陈旸》等文整理。

陈祥道墓道——下炉石人石马（来源：闽清礼乐文化网）

忠厚如许冲元父子，礼乐如陈祐之兄弟，英声茂烈，名都先达，曾未多出其右。”[①] 以下简述“二陈”生平、思想及有关著述如下：

1. 陈祥道与《礼书》

陈祥道（1042—1093），字用之，一字祐之，闽清县云龙乡漈上人，治平四年（1067）进士，师从王安石，曾任国子监直讲官、秘书省正字、馆阁博士校勘、太常博士等职。元祐八年（1093）五月，赐绯鱼袋。陈祥道仕途虽坎坷，但在中华文化学术史上却影响深远，其生平以“礼学”显名，著《礼书》150卷。陈旸《乐书·序》中说道：“臣先兄祥道是时直经东序，慨然有志礼乐。上副神考修礼文、正雅乐之意，既而就《礼书》一百五十卷。”《礼书》内容广大博赡，对古代礼制作出了全面且深刻的诠释，包括古代各种典礼仪式，大至诸侯城郭之制，小到礼器、祭品、服饰、佩件等。

编书也是一种读书过程，它包含治学方法、读书态度、对资料的选

① 刘训瑺纂修：《闽清县志·建筑志》。

取和研究、读书目的及意义等。陈祥道在《礼书》中诠释古代礼制，不沿袭汉唐诸儒说法，对东汉经学大师郑玄的许多观点提出质疑，并予纠正，同时大量阅读文献，引用多部儒家经典对之进行考核、订正。元祐五年（1090），书稿完成，陈祥道随即将其进呈朝廷。时任翰林侍讲学士、国史院修撰的范祖禹称赞该书“精详博洽，非诸儒所及”，南宋藏书家晁公武在《郡斋读书志》中评价陈祥道“其礼学通博，一时少及”，近代国学大师黄侃则称该书“实唐、宋以来言礼者之总略也”。这部书在当时即有很强的现实意义，是为了辅佐宋神宗“修礼文、正雅乐”，可谓“存礼资政”。这部礼学研究史上的重要作品得到学界的广泛认可，自成书以来引用其内容者不计其数。这部书耗费了他大量心血，也足以证明他对礼学研究的投入，因为近20个春秋，他都在致力于这本书的写作。该书“历世虽久，其遗风余泽犹有存者”。[①]据张琪《〈礼书〉宋元版本考》等文记载，历代多有刊刻《礼书》，于是后世也出现许多种不同版本，如宋元明清各代的刻本等。当代，海豚出版社还出版点校本《礼书》。

陈祥道画像

陈祥道的学术成就是福建学界的一座高峰。《论语》有一名段道：“子贡曰：‘譬之宫墙，赐之墙也及肩，窥见室家之好。夫子之墙数仞，不得其门而入，不见宗庙之美、百官之富。得其门者或寡矣！’”这句话的道理放在今天评价陈祥道学术也适用——因为只有潜心专研其学术者方能体会其博大。知此，则应于宋代大学士汪炳翰《挽祥道公》一诗有所体会。

① （民国）刘训瑺纂修：《闽清县志·礼俗志》。

诗云：

银河光灿少微星，天下文章独擅名。
宋殿已呼新博士，闽山难驻旧先生。
九重梁栋千年固，六籍源流一旦清。
好是玉龙衔雨去，傅岩秋月夜空明。

各地对“二陈”礼乐文化的研究从来没有停止过。今介绍福州地区两本当代研究、宣传礼乐文化的著作。

2007 年 4 月，福建省姓氏源流研究会陈氏委员会，闽清县政协文史资料委员会，闽清县陈祥道、陈旸文化研究会合编《礼乐同辉》一书，由中国文史出版社出版。该书收录了王耀华、冯吉轩、陈及霖、卢美松等人的 40 多篇文章，其内容分为“文论”“史研”“说古”三个部分，从多角度介绍“二陈”学术文化，文体包括“序文”“读后感”等，还包括叙述“二陈”有关史迹的文章及逸闻趣事等。书中还设“吟赋”一章，收录 20 多首诗词作品，或记录“二陈”功绩，或赞叹礼乐文化博大，或缅怀先贤，或诗咏“二陈”先生故里。“附录”部分收录关于“二陈”的一些史料，如《宋史》“本传”及《闽清县志》中有关记载等。全书内容丰富，为读者提供了一个了解“二陈”及礼乐文化的读本。还有华侨大学哲学与社会发展学院教授、博导冯兵著的《陈祥道、陈旸与中华礼乐文化》，该书论述了礼乐起源、礼乐关系、礼乐的人文升华、传统礼仪的思想意义、陈祥道及陈旸的生平事迹、陈祥道的诗文及书法造诣、陈旸的政治思想与实践、陈旸的主要著述、陈祥道《礼书》的基本内容与特征、陈祥道礼学思想的特点及影响、陈旸《乐书》的基本内容与特征、陈旸乐学思想的特点及影响等。2019 年，此书由福建人民出版社出版，中共闽清县委宣传部、闽清县社科联为本书主编单位，由此可见当地对礼乐文化的重视。

2. 陈旸生平浅论

陈旸（1068—1128），字晋之，宋代著名音乐理论家，后世称为陈贤良。闽清县云龙乡漈上人，精于乐律。北宋绍圣元年（1094），举“贤良方正能直言极谏”科进士，历官顺昌军节度推官、太学博士、秘书省正字、鸿胪太常少卿、礼部侍郎、显谟阁待制。

陈旸雕像

陈旸勤勉著书，有《论语句解》（10卷）、《孟子解义》（14卷）、《礼记讲义》（10卷）、《北郊礼典》（30卷）及《乐书》（200卷）。还值得一提的是，陈旸曾在福州东禅寺劝刻《崇宁万寿藏》，这是我国第一部由民间私刻的藏经。当年，他募集大量资金以备刻书之用。据考，仅雕版就有十几万块，可见其工程之巨，也足见其“发心”之宏大。

乐，是儒家“六艺”之一，礼、乐、射、御、书、数是古代士人学习的中心内容；儒家6部绝世经典，亦名为《诗》《书》《礼》《乐》《易》《春秋》。乐文化内涵深厚，是中华文明的重要组成部分。孔子云：“乐云、乐云，钟鼓云乎哉。”古人更把理想社会描述为“和乐”，所谓“如

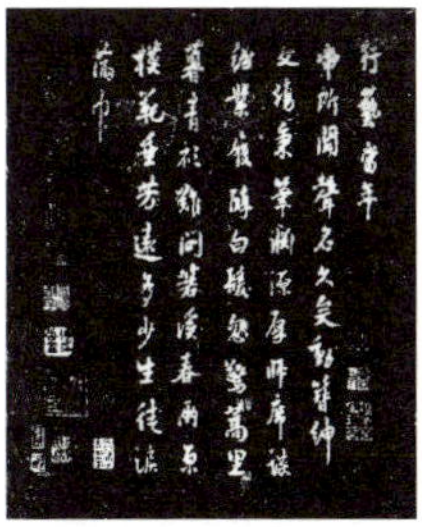
陈旸书法（来源：闽清礼乐文化网）

陈旸篆书（来源：闽清礼乐文化网）

乐之和，无所不谐”。

陈旸《乐书》成书于建中靖国元年（1101），该书是传世经典，弥足珍贵。书中对中国古代礼乐制度作了较为全面的综述，“其中涉及乐用理论和实践的诸多问题，对它进行系统的研究将有助于对中国古代仪式音乐、用乐制度作全面梳理。”宋陈振孙《直斋书录解题》将《乐书》置入“音乐类”：“秘书省正字三山陈旸晋之撰。建中靖国元年进之。为《礼书》陈祥道者，其兄也。其书雅、俗、胡部音器、歌舞，下及优伶、杂戏，无不备载。博则博矣，未免于芜秽也。”[①] 这部“音乐百科全书”卷帙浩繁，窥其卷数足见陈旸对乐理论所投入的精力。陈旸精通音律，熟悉儒家经典，他就自身学术专长，编就空前巨著。该书不仅摘录古代经书中有关音乐内容的记载，如《诗》《礼》《书》《春秋》《易》《孝经》《孟子》等，并予以诠释，且对历代乐章、乐舞、杂乐、百戏以及雅乐、俗乐、胡乐等都作了全面引述记载，对于各种音律和声乐等也作全面记述。书中《乐器图》记载许多历史上散佚、罕见的乐图，对于我国音乐史研究做出不可磨灭的贡献。[②]

陈旸虽政务繁忙，却能潜心研究，许多学人被其淳厚学养与精湛学术造诣所折服。史载：“陈祐之兄弟竞爽礼乐，蔚然成书，可谓实大声宏，传世不朽。”而陈旸一生行迹可供传述者还不止于此，苏轼赞赏其不畏强权，也被其敢与皇帝争辩的精神折服，他曾与陈旸和诗一首，诗云：

不学孙吴与六韬，敢将驽马并英豪。
望穷海表天还远，倾尽葵心日愈高。

① （宋）陈振孙撰：《直斋书录解题》卷十四，上海古籍出版社2016年版，第404页。

② 福建省姓氏源流研究会陈氏委员会，闽清县政协文史资料委员会，闽清县陈祥道、陈旸文化研究会合编：《礼乐同辉》，中国文史出版社2007年版，第12—14页。

身外浮名休琐琐，梦中归思已滔滔。
三山旧是神仙地，引手东来一钓鳌。

陈旸虽为文官，但其性格却体现了一名武将的豪迈气质，其人格也因此受后世敬仰，这也是古代书院所要塑造的“君子儒”人格品质。诚如全国政协委员、福建省陈氏委员会老会长陈及霖所说的那样：“二陈”的为人、当官、著作、训子、传家等高尚的品行和德操，给后人留下极其宝贵的精神财富。学习“二陈”的历史功绩，挖掘“二陈”的历史文化积淀，能够更好地发扬优秀的民族文化，也有利于启迪和激励后人。

《乐书》有“贯穿明备”的特点，“乐”论中也隐含着“礼”的实质。学界对《乐书》已作过一些宣传、研究，以下介绍陈祥道《论语全解》一书，以期拓宽对“二陈”的研究面。

（四）《论语全解》管窥

《论语》是研究孔子和儒家思想的文本，这部书在中华文化史上地位特殊，且在经学研究领域中亦占据重要位置。东汉赵岐云：“《论语》者，五经之管辖，六艺之喉衿也。”近代儒学大师马一浮认为：“‘六艺’之旨，散在《论语》而总在《孝经》，是为宗经论。”[①] 自《论语》成书以来，研习者众多，并有法、英、德、俄等译本，《论语》思想对世界上许多国家都产生重要且深远的影响。《论语》一书注释从两汉“疏解体”到魏晋时期“集解体”，再到南北朝时期“义疏体”，至宋代时则强调义理发挥。清乾嘉时期考据之风盛行，许多文章亦围绕此书，动辄下笔万言。现当代，《论语》研究方向愈趋丰富、多元，出版了大量关于《论语》研究、宣传的作品，对《论语》的研究也更加系统、全面，内容包括对编纂者、

① 吴光主编：《马一浮全集》，第一册（上），浙江古籍出版社2013年版，第13页。

版本、学说流传、篇章架构、历史地位、海外影响等的讨论，以及文本自身有关名物考释、文字训诂、儒家学派等内容，研究领域涉及文史哲等多门学科。《论语》研究的现象，可谓著述史上一大盛况。

陈祥道为学贯通经传，尤精于“礼”，除《礼书》以外，他还著有《仪礼注解》（32 卷）、《礼记讲义》（24 卷）、《周礼纂图》（20 卷）、《礼例详解》（10 卷）、《论语全解》（10 卷）等，他认为“穷经著书，儒者之本务”。这则至理名言与其高度的儒家社会责任感也受后世书院山长及学人敬仰。他的学术思考与思想轨迹保存在这些巨著中，谨以《论语全解》一书举例说明：

据王鹏凯《历代论语著述综录》统计，宋代研究、注解《论语》的著作达到了 285 种。注疏《论语》者多为名家，如周敦颐《论语》、王安石《论语解》、苏轼《论语解》、程颐《论语解》、张浚《论语解》、李纲《论语详说》、胡寅《论语详说》、张栻《癸巳论语解》、薛季宣《论语直解》、真德秀《论语集编》、魏了翁《论语要义》、郑汝谐《论语意原》、朱熹《论语详说》《论语集注》《论语或问》等。

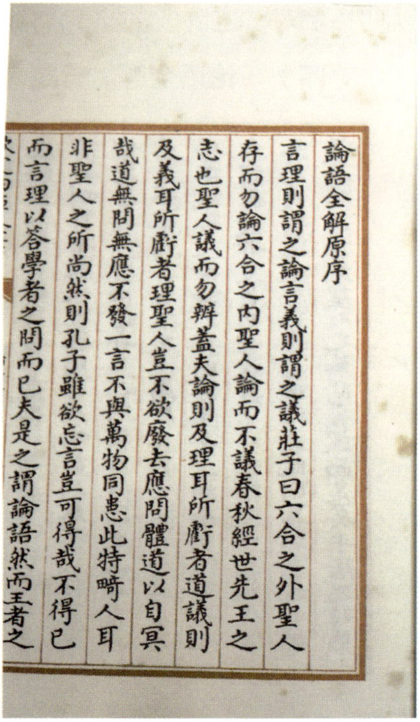
論語全解原序
言理則謂之論言義則謂之議莊子曰六合之外聖人存而勿論六合之內聖人論而不議春秋經世先王之志也聖人議而勿辯蓋夫論則及理耳所齗者道議則及義耳所齗者理聖人豈不欲廢去應問體道以自冥哉道無問無應不發一言不與萬物同患此特畸人耳非聖人之所尚然則孔子雖欲忘言豈可得哉不得已而言理以荅學者之問而已夫是之謂論語然而王者之

《论语全解》书影

陈祥道的《论语全解》大约成书在宋神宗年间。谢山《陈用之论语解序》曰：“荆公六艺之学，各有传者……其渊源具在。”“而陈祥道之《论语》鲜有知者，但见于昭德晁氏《读书志》而已。荆公尝自解《论语》，其子雱

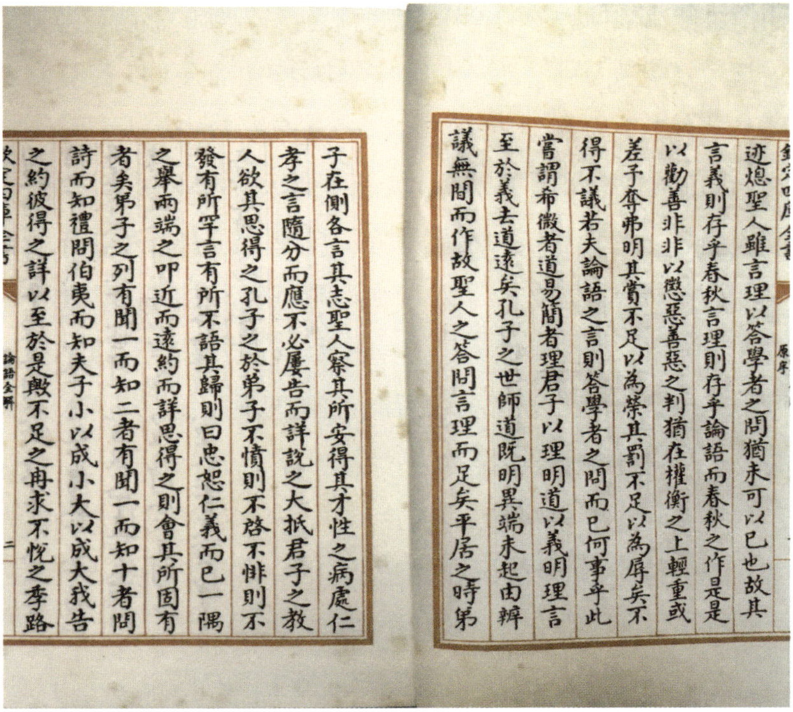

欽定四庫全書　原序

迹熄聖人雖言理以答學者之問猶未可以已也故其
言義則存乎春秋言理則存乎論語而春秋之作是是
以勸善非非以懲惡善惡之判猶在權衡之上輕重或
差乎奪弗明其賞不足以為榮其罰不足以為辱矣不
得不議若夫論語之言則答學者之問而已何事乎此
嘗謂希微者道易簡者理君子以理明道以義明理言
至於義去道遠矣孔子之世師道既明異端未起由辯
議無間而作故聖人之答問言理而足矣平居之時弟
子在側各言其志聖人察其所安得其才性之病處仁
孝之言隨分而應不必屢告而詳說之大抵君子之教
人欲其思得之孔子之於弟子不憤則不啓不悱則不
發有所罕言有所不語其歸則曰忠恕仁義而已一隅
之舉兩端之叩近而遠約而詳思得之則會其所固有
者矣弟子之列有聞一而知二者有聞一而知十者問
詩而知禮問伯夷而知夫子小以成小大以成大我告
之約彼得之詳以至於是歟不足之再求不悅之季路

欽定四庫全書　論語全解　二

《论语全解》书影

又衍之，而成于祥道。长乐陈氏兄弟，深于礼乐，至今推之，乃其得荆公之传，则独在《论语》。”① 陈祥道《论语全解》得其师王安石之传，是荆公学派论语学集成性著作，但又不仅仅如此，戴维在《论语研究史》中认为“虽是附益于王安石，但由于他精于礼学，多以礼来阐释《论语》，符合《论语》的时代背景，又能注意方法的运用，故精义极多，能在《论语》学上占有一席之地，对北宋后期《论语》学的影响很大”。陈祥道将自己的想法和目的融入《论语全解》中，熙宁变法时期，陈祥道针对反变法者，将“和而不同”解释为不同流俗、守道不屈，为王安石坚持变

① （清）黄宗羲原著、全祖望补修：《宋元学案》，陈金生、梁运华点校，中华书局 1986 年版，第 3235 页。

法提供理论依据。他的诠释方法打破传统典籍的注疏束缚，赋予《论语》这部名著新的内涵。《宋代政治语境中“和而不同”诠释嬗变考论——以陈祥道和朱熹为中心》一文中对《论语全解》中援引晏子故事作相关探讨，认为“陈祥道借柳下惠故事，赋予‘和而不同’以士大夫处众不随声附和、同流合污之意，其核心思路是将司马光视野中作为君子之间交往原则的‘和而不同’改造为君子对待小人的态度，借以展现王安石虽身处流俗却守正不屈的精神气象”。

《论语全解》在绍圣以后流行“场屋”，“为当时所重”。王安石在主政期间将《论语》作为科举考试内容，极大地提升了《论语》的地位。当时学子皆以此为本而钻研《论语》，其影响范围是全国性的。

陈祥道《论语全解》是“论语学”中一部重要著作。笔者根据相关研究，介绍陈祥道《论语全解》的几个特点：

第一，不拘泥于传统，接受当时新方法论解说《论语》。

《论语》中有许多经典哲理成为历代理学家终身奉行的教条，也成为许多人的修身、治学、处世格言。《论语·里仁》一条记载被历代学者关注：“子曰：‘参乎！吾道一以贯之。’曾子曰：‘唯。’子出，门人问曰：‘何谓也？’曾子曰：‘夫子之道，忠恕而已矣。’”长期以来，忠恕之道一直被解说为孔子思想的总结。

陈祥道《论语全解》释文云：“尽已之谓忠，尽物之谓恕。忠所以进德而德不止于忠，恕所以求仁而仁不止于恕。则忠恕者，以之为道则违道不远，以之为非道则非违道不远。语之以圣人之妙，则未也。孔子之道无不该也，无不遍也。仁者见之谓之仁，智者见之谓之智。曾子谓夫子之道忠恕而已，其所见者然也。由此推之，则子贡言夫子温良恭俭让，亦若是矣。”释文中“语之以圣人之妙，则未也”，其意即指“忠恕”二字不能涵括孔子思想，所以他接着说，孔子的思想，无不该备、周遍，大家对它的把握与总结仁者见仁，智者见智，比如孔子弟子子贡所说的孔子提倡“温良恭俭”也是其中心思想，所以曾子也只是据自身理解提出了一种看法。“忠恕”并非“一贯”之道是当时学界的流行见解。王安石说“论者或以谓孔子之道，神明不测，非忠恕之所能尽”，可知这种看法也并非始于王安石。于此可见陈祥道善于吸收新思想，并在此基础上有所发挥。

第二，旁征博引，体系宏大。

旁征博引是该书一大特色，它突破传统“守经”格局，对文句引证不再局限于儒家经典，在诠释《论语》时体现了“苟合于理，虽鬼神异趣，要无以异”（王安石语）的特点。如引据《老子》《庄子》思想解释《论语》。《论语·雍也》中有一句：“子曰：‘中庸之为德也，其至矣乎！民鲜久矣。’”该书将其解释为：莫非德也，有高明之至德，有中庸之至德，庄子“至德之世”，高明之至德也。《周礼》曰“至德以为道本”，中庸之至德也。《礼》曰：“中者，天下之大本。”庄子曰：“庸者，用也。用者，通也。”

第三，精熟孔子要义，对儒家思想融会贯通。

陈祥道善于总结、归纳文本，注重文本互证，以凸显“大义”。以《论语》证《论语》也是该书的一大特色。他对《为政》篇“吾十有五而志于学，三十而立，四十而不惑，五十而知天命，六十而耳顺，七十而从心所欲不逾矩”条解释云：“志学至立，为学日益而穷理者也；不惑至耳顺，为道日损而尽性者也。然心不逾矩，损之又损而至于命者也。孔子曰：‘兴于诗，立于礼，成于乐’。又曰：‘可与共学，未可与适道；可与适道，未可与立，可与立，未可与权’。则十五有志于学，兴于诗，而可与共学者也。三十而立，立于礼，而可与立者也；成于乐，而可与权者也。”对《雍也》篇“知之者不如好之者，好之者不如乐之者”这一条，陈祥道解释为：“知之者，为学日益而穷理者也，兴于诗者能之；好之者，为道日损而尽性者也，立于礼者能之；乐之者，损之又损而将以至于命者也，成于乐者能之。”“《中庸》之言明善不若诚善，诚善不若至诚，亦若此而已。莫非知也，有生而知之、有学而知之、有困而知之。圣人则生而知之，贤人则学而知之，下于贤人则困而知之。莫非好也，有好之浅者，有好之深者。就有道而正焉，日知其所亡，月无忘其所能，此其浅者也；颜子之好学、孔子之好古，此其深者也。莫非乐也，有人乐，有天乐。颜子不改其乐，人乐也；孔子乐以忘忧，天乐也。”此外，陈祥道认为《学而》篇中第一句“时习”“朋来之乐”“人不知而不愠”分别与《论语》最后一句“知命”“知礼”“知言”等言相互对应，说其为“始终”之关系。

第四，以“礼”《易》思想阐释《论语》。

陈祥道治经，以礼学见长，诠释《论语》，礼制明晰。他在《论语全解》中多引《礼书》来对比、互证，希望明辨礼制源流，通过对“礼”的考究来说明《论语》的道理。现整理《论语》“躬自厚而薄责于人”“八佾舞于庭”“三家者以雍彻”“尔爱其羊，我爱其礼”等名段，以见其注解方法与思路。

在“躬自厚而薄责于人”章，引《乡饮酒》之义给予阐明。他说：“君子为己不重而责己重以周，为人不轻而待人轻以约。重以周，故自厚；轻以约，故薄责。君子之交尽己之欢而不尽人之欢，竭己之忠而不竭人之忠。乡饮酒之酬宾，主人卒觯而宾不举，亦是意也。”

在解“八佾”制度时云：“八佾，季氏所独有；《雍》彻，三家之所同，故于八佾言季氏，于《雍》彻言三家。歌者贵声于上，舞则动容于下，故于《雍》彻言堂，于八佾言庭。《礼记·明堂位》《祭统》皆言：‘干戚舞大武，八佾舞大厦’，《公羊》则‘八佾舞大武’，误矣。《周礼·乐师》：‘凡国之小事，率学士而歌彻’，盖歌《雍》也。《雍》歌于禘，又以彻，与《鹿鸣》歌于燕群臣，又用于乡饮酒同意。”

他对《八佾》中的“尔爱其羊，我爱其礼”一句解释为：“礼不在玉帛，然非玉帛无以存其文：乐不在钟鼓，然非钟鼓无以存其声：告朔不在饩羊，然非饩羊无以见其礼。故爱羊非所以存其礼，而爱礼不可以不存羊，故曰：‘尔爱其羊，我爱其礼。’”他认为这是阐述了礼乐“其粗虽寓于形名度数，其精则在于性命道德”的道理。

《论语》有名句云：“君子食无求饱，居无求安。敏于事而慎于言，就有道而正焉，可谓好学也已。”陈祥道结合《易》，论述道：“《易》曰：‘君子将有为也，将有行也。’行则所行者也，事则所为者也。言君子敏于事，又言君子欲敏于行，则敏于行，成德之君子也；敏于事，务学之君子也。”

第五，舍名物训诂，重“微言大义”。

如《为政》篇“吾十有五而志于学”，陈祥道解之曰：“志学至立，为学日益而穷理者也；不惑至耳顺，为道日损而尽性者也，然损之又损而至于命者也。”

“荆公新学”曾影响一代学风，苏轼评价道：“网罗六艺之遗文，断以己意；糠秕百家之陈迹，作新斯人。”史学家侯外庐评价道：“训释经义，主要在阐明义理，反对章句传注的烦琐学风，这一点，实开宋儒义理之学的先河。”皮锡瑞《经学历史》亦总结其学术发展情况，云：“经学自唐以至宋初，已陵夷衰微矣。然笃守古义，无取新奇；各承师传，不凭胸臆，犹汉唐注疏之遗也。”这是当时中国经学史的发展情况。

陈祥道在注解经文时不囿门户，旁征博引，吸收各家研究成果，他引用经典著作，如《孟子》《中庸》《礼记》《周礼》《周易》以及《道德经》《庄子》等书对《论语》进行“义理探求”，注重把握《论语》的主旨思想。

据有关统计，陈祥道引《道德经》《庄子》共计 75 次。这样的解经方式在传统儒学研究氛围中曾被指斥、批评，《四库总目提要》一书对古籍的评论体现了以传统儒学为本位的价值观，其评判标准也代表绝大多数古代士人、学者的评判标准，其书对《论语全解》评价道：“学术本宗信王氏，故往往杂据《庄子》之文以作佐证，殊非解经之体。”但在当代学术研究者看来，这样的解经方式正是代表着一种研究精神，且是难能可贵的。唐明贵在《论语学史》中也认为，陈祥道的注释注重义理解经，每夹杂老庄思想，这种援“老学”中合乎“义理”的部分以入儒的做法，使得儒家学说中哲理味和义理味大增，从而也就把儒家的地位提高到佛道两家之上。它适应了北宋时期的儒佛道三教融合、三教归一的历史发展潮流，是《论语》由“汉学”过渡到“宋学”的一个中间环节，在《论语》研究史上具有一定的地位。

陈祥道《论语全解》书影

第二章 ▸

朱熹与梅溪书院

一、朱熹在福州的教迹

朱熹“道德文章，照耀千古”，他一生致力文化、学术，得到后人尊崇。朱子学是中华文化发展史上的一座高峰，它也传播海内外，对世界上许多国家都产生不同程度影响，包括日本、朝鲜、新加坡、泰国等。英国科学史家梅森在其《自然科学史》中评价：“宋朝最出名的新儒家是朱熹。”李约瑟在《中国古代科学思想史》中则写道：“朱熹在没有产生一个牛顿型的宇宙观之前，先已产生了一个爱因斯坦型的宇宙观，中国最伟大的思想家朱熹，曾建立起一个比近代欧洲任何思想都较接近于有机哲学的哲学体系。”于是各地与朱熹有关的书院与遗迹，也成为人们所关注的焦点。朱熹在福州的一些历史信息，被记录在地方史志书籍及文人笔记等文献中。闽清朱子祠也是福州地区重要的朱子文化遗迹之一，古时闽清县城、坂东、东桥皆建朱子祠。县城鼎峰山麓朱子祠于清代由县令方亨衢重修，匾曰“梅溪过化”。《闽清县志》载：朱子祠“内有古梅一株，老干扶疏。清道光戊子年，邑令方亨衢重修，匾曰‘梅溪过化’”。又题一联云：

往圣接心传，想当年讲业深山，洙泗渊源梅水衍；
后儒宗正学，念今日存神此地，考亭脉络鼎峰高。[1]

① 民国《闽清县志》卷五（成文出版社1967年版）。

有人专门统计过朱熹来福州次数，认为朱熹在福建生活60多年时间，其中到过福州11次。绍兴十二年（1142）九月，随其父朱松游历福州，时年12岁；绍兴二十二年五月，因赴同安令，途径福州，寓留此地月余；绍兴二十六年十二月，从同安携家北归，路经福州；绍兴三十二年，汪应宸知福州，招朱熹至福州；隆兴二年（1164）二月，到延平（今南平）吊祭李侗后，转向汪应宸问安，逗留一月；隆兴二年四月，“汪应宸派兵丁七人到崇安迎请朱熹至福州商讨政事，滞留的时间较长，在福州东门办‘紫阳书院’便是这个时候的事”；淳熙十年（1183）八月，朱熹赴泉州吊傅自得过福州，晤赵汝愚并历闽中数县，讲学传道，为时4个多月；淳熙十四年正月，下莆田吊陈俊卿，经福州；淳熙十五年，寓居连江县宝林寺，集众讲学，流连月余后，取道古田回建阳，路经小沧乡仁山村；绍熙元年（1190）左右，朱熹卸漳州府任回建阳，此年曾到福州长乐；庆元三年（1197），朱熹不避“庆元党禁”，到福州为黄榦的母亲吊丧，第二年去职回建阳考亭讲学。[①]

接下来，就顺着这个时间往下说：

南宋宁宗庆元年间（1195—1200），朱熹曾作《福州州学经史阁记》，记载州学教授常濬孙整顿州学事迹：

> 福州之学，在东南为最盛，弟子员常数百人。比年以来，教养无法，师生相视漠然如路人。以故风俗日衰，士气不作。长老忧之，而不能有以救也。绍熙四年，今教授临邛常君濬孙始至，既日进诸生而告之以古昔圣贤教学之意，又为之饬厨馔，葺斋馆，以宁其居。然后谨其出入之防，严其课试之法，朝夕其间，训诱不倦。于是学

① 李德明：《朱熹十一次入福州》，《福州文史资料》第30辑，2012年版，第92—95页。

者竞劝，始知常君之为吾师，而常君视诸生，亦闵闵焉唯恐其不能自勉以进于学也。故尝虑其无书可读，而业将病于不广，则又为之益置书史，合旧为若干卷。度故御史阁之后，更为重屋以藏之。[①]

这篇文章是对福州教育情况的陈述，他的主张与影响也必涉及闽清地区。

朱熹反对仅将读书作为获取功名利禄的手段，曾在《学校贡举私议》中尖锐地批评官学一味沉迷于科举的现象，称：

所谓太学者，但为声利之场，而掌其教事者，不过取其善为科举之文，而尝得隽于场屋者耳。士之有志于义理者，既无所求于学，其奔趋辐辏而来者，不过为解额无耻之滥、舍选之私而已。师生相视，漠然如行路之人。间相与言，亦未尝开之以德行道艺之实。而月书季考者，又只以促其嗜利、苟得冒昧之心，殊非国家之所以立学教人之本意也。[②]

在福州历史上，几位思想家、理学家影响着朱熹，如林慎思、林之奇、"海滨四先生"等。同时，福州出版的朱子著作也推动其学说传播。庆元初，其弟子詹体仁在福州知府任上，重刻朱熹在漳州刊定的"四经"，即《易经》《书经》《诗经》和《春秋》。"门人郑性之于嘉定元年（1208）在福州刻印朱熹《韩文考异》十卷。另一位门人杨复则在福州编刻《仪礼经传通

① （宋）朱熹：《朱熹集》卷八十，《福州州学经史阁记》，郭齐、尹波点校，四川教育出版社1997年版，第4153页。

② （宋）朱熹：《朱熹集》卷六十九，《学校贡举私议》，郭齐、尹波点校，四川教育出版社1997年版，第3641页。

解续纂祭礼》十四卷。嘉熙末，福州府学教授吴燧刻印朱熹《资治通鉴纲目》五十九卷。”[①]

据载，在福州地区，朱熹及其门生创办或讲学的书院有福州紫阳讲堂、福州东野竹林书院、福州贤场书院、福州高峰书院、福州濂江书院、福州龙津书院、长乐龙峰书院、罗源文公书院、闽县吟翠书院（吟翠山楼）、连江丹阳书院、闽清梅溪书院等。迄今为止的公开出版物及印刷品中书名上有“朱熹”和“书院”关键词的包括：方彦寿著《朱熹考亭书院源流考》《朱熹学派与闽台书院刻书的传承和发展》，刘振茂主编《朱子文化与古田书院》，杨金鑫著《朱熹与岳麓书院》等。但程朱理学的影响是全国性的，从这个角度说，可能南宋以后所建立的书院，大多数都和朱熹有关。朱熹一生与书院结缘，据方彦寿考证，与朱熹教学生涯有关的书院多达 67 所，其中由他创建的 4 所，修复的 3 所，读书讲学的 47 所，题诗题词的 13 所。[②]如果加上一些待考证的“朱熹书院”，那数量就不知有多少了。

梅溪书院起源于何时？当时书院学子有哪些人？朱熹之后梅溪书院又经历哪些变化？这所书院在某个年代倾圮后为什么没有重建？甚至关于书院名称由来、它的具体位置等，这些问题都很难解答，只因这所书院史料零散，无从考证。但提到梅溪书院，却可以让人联想到朱熹在闽清的行迹。

唐贞观元年（627），析侯官西乡地十里设梅溪场，后梁乾化元年（911）改场设县。曹学佺《西峰字说》云：“县之梅溪与大江汇。江水浊而溪水清，故曰‘闽清’。”

---

① 中共福州市委宣传部、福州市文化广电新闻出版局编：《福州朱子文化遗存图影集》，2017 年编印，第 4 页。

② 方彦寿：《朱熹考亭书院源流考》，中国文史出版社 2005 年版，第 1 页。

清县令姚循义曾作《梅埔歌》云：

传闻梅埔多梅树，古干凌寒花独吐。
花开如雪满山阿，习习香风吹满路。
我来访梅梅已无，溪烟漠漠生青芜。
问之土人相告语，学舍犹存数十株。
此梅种自宋元日，历尽风霜疏复密。
岂独人文有盛衰，草木枯荣亦相匹。
转移应在种花人，着意栽培自有神。
安得从容施雨露，梅埔重见昔时春。

无论梅溪书院出现于何时，它都代表着一种地理印象和闽清士人的文化追求。

二、朱熹题刻

朱熹与闽清的故事流传甚广，这些或可为梅溪书院历史增加资料。比较流行的说法是朱熹避“伪学”禁期间屡至闽清，时间长者滞留月余。《朱厝族谱》也说朱熹“三次入梅”，郑亨光《朱熹与闽清》一文认为：“闽清县葛陂（朱厝）及分迁朱丹、雄江、县城、渡口等地朱姓均系朱

闽清“龙溪”摩崖石刻

“八闽岳祖”摩崖石刻

“梅溪”摩崖石刻

熹之后裔。”①

《闽清县志·山川志》载：“县之梅溪、与大江汇。江水浊，而溪水清，故曰‘闽清’。是溪长四里许，两旁石壁嶙峋。前代多种梅花，故亦有‘梅溪坪’之称。宋朱紫阳先生避伪学禁，屡至其地。爱其山水幽洁，曾书‘梅溪’两大字于石壁上，字划苍劲，人多临摹之。”《闽清县志·名胜志》载：“广济岩寺在十五都。岩石玲珑，林木葱郁，下有龙潭梅坞。朱文公大书‘溪山第一’四字，勒于石碑。”

其实在闽清地区与朱熹有关的摩崖石刻不少，如在下祝后峰村文昌阁旧址石壁上，朱文公书刻有“留云”两大字；如东桥镇朱丹村，朱文公书镌“观云岫”三大字；如白岩之“八闽岳祖”等。十二都（上莲）石漏

白岩山即景

① 福建省闽清县政协文史资料委员会编，郑亨光主编：《状元宰辅郑性之》，2004年编印，第35页。

村有漏米石，旧亦有朱子题刻，清岁贡鄢乘龙诗曰：“片石曾传漏米奇，不登名胜为无诗。晦翁尚赐如金墨，艳说诸峰肖武夷。”《闽清县志·流寓传》也载：“朱文公于伪学之禁，避迹无定所。其于闽清凡数至，所历名胜，题识殆遍，如广济岩之‘溪山第一’、白岩之‘八闽岳祖’，皆其亲笔，现勒石尚藏。”正如刘玉轩所云：“梅溪古称梅花场，淋漓墨迹留紫阳。”笔者认为，在诸多摩崖石刻中，闽清白岩山朱熹题刻最具代表性。只是当年朱子所题字迹不知何时消失，后人集朱熹字，新镌“八闽岳祖”四字，这代表着他们对先贤的崇拜，这种做法也是在强调后人应当缅怀这段历史。

闽清白岩山因“岩白如雪”而得名，明代陈良鼎《白岩》诗云：

白岩真奇绝，望之何皎洁。
清夜吐光芒，好似满山月。

文人至此登临游玩，其中有对山水风韵的眷恋，也有对山水文化的向往。

白岩山是闽清士人心中的圣山，因为“朱子过化”；而白岩山自身也因历代文人所赋予它的意义而愈加深沉、博大。数百年来，历代骚人雅士登高吟咏不断，展开存世文献敬阅，当年情景如在眼前。

刘玉轩也作有《八闽岳祖》一诗，在诗中，他描摹白岩山气势，勾勒其形象，感叹自然神工造化，又追念前贤，借山川气象之明朗、丘壑之深远比况中华文化之博大精深。他对前贤圣迹心生敬畏，喻其为万仞高山。此事虽时隔久远，但临其境者心中皆不由生起“高山仰止，景行行止”之思。

诗云：

千岩万壑纷相连，一峰屹立削摩天。
攀藤附葛贾勇上，倚杖独立山之巅。
山僧邀我入梵宇，嵯峨四面生云烟。
从容为话白岩胜，一家眷属皆成仙。
仙人千载悠悠去，药炉丹灶自年年。
剜苔剔藓觅陈迹，八闽岳祖岩头镌。
沧桑历劫字犹在，淋漓大笔思前贤。
吁嗟乎！
造化变幻多不测，一气磅礴势蜿蜒。
高高在上千万仞，众山俯伏在眼前。①

闽清多山，古有“山县”之称，山水给地方文化增色，而文人则赋予山水以文化内涵，使山水更有韵味。

① 闽清玳琅书楼编：《刘玉轩诗文选》，1983年编印，第10页。

白岩山风景

三、传说中的书院

在福州古驿道沿线上存留着许多古迹、遗址，也流传着许多故事，闽清亦不例外。福延路驿道经过闽清，闽清东桥大箬村、安仁溪村皆当年驿路沿线村落。两村位于闽清县东桥镇南闽江江畔。安仁溪村旁的安仁溪是闽江支流。据考，嵩滩浦（埔）在闽清东桥镇南闽江江畔，西距安仁溪村 1 千米，现嵩滩浦（埔）村舍无存，但地名仍在使用；福州古驿道中的福瓯路，其路线曾经过闽清下祝。闽清民俗专家刘积香收集泉州举子所写

继善村风景

《进京路引》，从泉州到福州、闽侯、闽清沿途写至京城。其中，对闽清古道记云：“桐口甘蔗竹岐所，叶洋白沙大目溪；梅埔十里闽清口，走过瓜园日落西。小箬大箬相连里，再过几里安仁溪；十里牛塘水口栈，就到莪洋七里溪。”

继善路碑

闽清县十四都继善村，有一条县际古道通往尤溪。继善村口洞灵桥始建于唐代，村西旧有继善驿站，霞溪北岸传有青禾书院，据说当年朱熹也在那里讲学传道。今据相关资料，整理其事如下：

朱熹为避“伪学”禁，先到福州躲避。因听闻韩侂胄将派亲信至福州，遂打算离开福州回闽北，但他不敢走福延路，而是从已被废弃的福瓯路回建州。关于朱熹的逸闻故事屡见不鲜，如章礼提《朱熹渡塘留清隐》等文记载：朱熹当时从闽县出发，经侯官县白沙、汤院、大湖、雪峰寺，然后到下祝乡。古道环境恶劣，路途艰难，当时又值盛夏，酷热难当。他行至下祝乡后峰村口时，见白云流动，于是就在村口石壁上题写“留云”二字。时已过午，朱熹来到渡塘村，深觉此乃“清隐”之地，便决定在此寓居。渡塘村民重视子女教育，在村里办书院，朱熹有时也到那里讲课。后朱熹将要离开渡塘时，在石壁留题“清隐”二字，并题“吉水亭”与“明理书院”院额。

如今笔者走访继善村，已看不见与朱熹有关的遗迹。至于青禾书院的说法，可能也是“道听途说”，它或是源于当地那一片青绿禾苗。无论

继善村一带风景

洞灵桥

如何，它说明了朱子文化在这里的影响。另外，还有当地人说的“继善驿（一说铺）”旧址，如今模样亦非从前。这是一种不幸，亦是一种庆幸，只因这些历史遗存已成为当地人的群体记忆，也留下了很多美好的传说。而村落中的一些历史遗存如洞灵桥等，也证明了这里曾经是交通要道。虽然周围的环境已变化，但借此可以联想到古人的一些踪迹。

洞灵桥石碑

四、交游及后学

（一）与石敦

闽学是当下一门显学，故探寻朱熹在闽行迹的文章也始终不绝，时有见之于报端。福州新闻网 2007 年 9 月 8 日有一篇报道：有人在闽清、尤溪交界处闽清芝溪发源地的卑溪边，发现朱熹亲笔题刻“龙溪”二字，后来经省市考古人员初步鉴定，确认为朱熹手笔。当地百姓得悉后，还特意请人重新过漆。

文章分析道：芝溪为梅溪中游一条主要支流，位于县境西南部，发源于闽清、尤溪交界处戴云山脉闽清后佳卑溪村，朱熹前往卑溪时间为乾道七年（1171），时由尤溪县令石敦等陪同。石敦是朱熹的幼年好友，于是朱熹便在其引导下，游历尤溪县中仙乡，并一起参观父亲朱松（曾任尤溪县尉，官至朝廷秘书省正字职）生前辖区之一的椑溪（今闽清后佳卑溪村，原属尤溪县汤川乡），后来就留题这两字，并留诗一首：

得意溪山供徙倚，忘情鱼鸟共徜徉。
应观物我同根处，剖破藩篱即大方。

闽清地区传留着朱熹不少诗句，且再引一首。他曾泊船闽清奉政乡（十七都）水口村水运码头，写下《水口行舟》二首，其一云：

昨夜扁舟雨一蓑，满江风浪夜如何？
今朝试卷孤篷看，依旧青山绿树多。

（二）与郑性之

朱熹避“学禁”期间，数次至闽清拜访闽清县令郑君瑞。郑君瑞，字择之，江西九江人，宋宁宗庆元年间任闽清知县，生平其余事迹不显，刘克庄《后村集》中有相关诗数首，《送郑君瑞知闽清》诗云：“兹邑犹淳古，君行作长官。假令三尺密，终有一分宽。栗里归差易，桐乡爱极难。千峰青绕郭，暇日想凭栏。”又有《哭郑君瑞长官》二首，其一云：“自解铜章后，终身耻折腰。偶然安旧隐，非不恋清朝。薪水才能给，弓旌未易招。坟山梅似雪，犹足配清标。”其二云：“史著陶潜卒，何妨爵秩卑。竟无乞米帖，止有采薇诗。旧友谁为诔，新阡尚欠碑。中年哭同志，孤立可胜悲。”后郑君瑞介绍郑性之与朱熹认识。郑性之“祭灶”事迹在福州可谓家喻户晓，但关于他少年求学书院之事，鲜有人提及。

郑性之（1172—1255），初名自诚，号毅斋，闽清人，后定居福州城内。有关文章引《长乐福湖郑氏族谱考》《闽侯县鸿尾乡超墘郑氏宗谱》认为：郑性之曾祖父郑可大从长乐福湖外厝房迁徙院坪（闽清县梅溪镇石郑村院坪自然村）。嘉定元年（1208），郑性之状元及第，历任秘书郎、尚书右郎官、侍左郎官、国史院编修官、右文殿修撰、赣州知州、集英殿修撰、隆兴府知府、江西安抚使、敷文阁待制、建宁府知府、左谏议大夫、参知政事、资政殿大学士、观文殿学士等职。“为政能持大体，关心百姓生活，为民去害兴利”。李宗勉每见性之论事，就说：“平生但以公为宽和长厚人。”嘉定六年三月，郑性之奉命往京廷对，向皇帝建议以“圣学”教太子为先，次论立国的根本在于人才，人才所以立国在于气节，三论钱法、边防、军政等，受到宁宗重视。时宋军与蒙古兵夹攻金国，灭金。

性之上奏：“恢复中原之机不可失，但不可急躁冒进。”得到理宗赞同。后又上奏说：“欲恢复中原，当先减轻江淮人民的负担，宜令边将稍宽法令，为国家培养元气。”卒赠少傅，谥文定。著有《端平奏议》《宋编年备要》等书。育两子，长子郑德起进士及第，官至四品；次子郑德虞迁居闽清三溪乡碓垅村。

有关资料载：“郑性之少年家贫，得母亲倪氏恤，入梅溪书院，师承朱子。”更说道：郑性之在县城梅溪书院读书，常往返一无名岭的林间石道，中状元后回家乡，再次踏上这松涛不绝的无名岭，触景生情，挥毫写下“万松岭”三个大字。今山腰驿道旁矗立着一块巨石，楷书题刻“万松岭”。据民间说法，他在林学蒙兄弟宅听朱子讲学，其后随朱熹游三都、四都及二十一都等地，后还专程去建阳求学，具体事迹不详。朱熹有一篇《书赠郑性之系词》，录之以兹存史：“易有太极是‘生雨仪’‘生四象’‘生八卦’‘定吉凶’。生大业古者伏仪氏之王天下也，仰则观象于天，俯则观法于地，观鸟默之文与地之宜，于是始创八卦以通神明之德，以类万物之情，天地定位，山泽通氧，雷风相薄，水火不相射，八卦相错，数往者顺，知来者逆，是故易逆数也。”

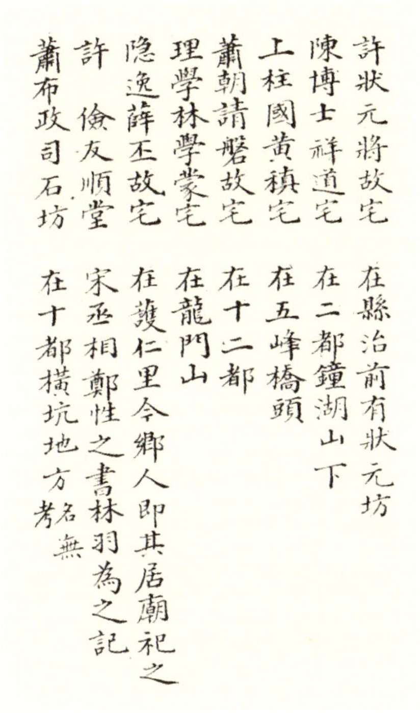
許狀元將故宅 在縣治前有狀元坊
陳博士祥道宅 在二都鐘湖山下
上柱國黃積宅 在五峰橋頭
蕭朝請磐故宅 在十二都
理學林學蒙宅 在龍門山
隐逸薛丕故宅 在護仁里今鄉人即其居廟祀之
許 儉友順堂 宋丞相鄭性之書林羽為之記
蕭布政司石坊 在十都横坑地方名無考

乾隆《闽清县志》书影

关于郑性之青少年读书事迹，闽清两条古道可以增加这段历史外延。郑亨光《诗联梅溪·状元宰相郑性之》一书介绍郑性之及第后数次回闽清，及在故乡题石“万松岭”“白岩”和“甲高岭”，这使许多人津津乐道。

关于福州及闽清古道的故事有不少，但似乎与郑性之有关的故事才使人印象深刻，人们也乐于传诵，它在闽清几乎成为一种“通识”，这背后是闽清人崇尚读书的一种表现。

位于三溪的“甲高岭”摩崖石刻

“万松岭”石刻位于梅溪镇樟洋村万松岭。还有位于三溪乡佳垅里村的甲高岭古驿道上的“甲高岭”石刻，书于淳祐十二年（1252）仲春，也传为郑性之所书。据说当年郑性之从这条路走出闽清，进京赶考。甲高岭原名四都岭，旧时是闽清三都、四都、五都、八都一带百姓往闽江乘船必经之路。《闽清县志·山川志》载：“甲高岭在四都，有石刻‘甲高岭’三大字，上有甲梅亭。”《闽清县志·名胜志》亦载：“甲梅亭在四都甲高岭梅岭之上。路通二、四两都，宋淳祐壬子年（1252）创建。”且引故事二则如下：

据郑亨光《甲高岭的考证》等文介绍，嘉定元年（1208）春闱，郑自诚整理行装准备进京应考，因物品重，故请仆人葛哥代挑行李。葛哥身着重担，但却健步如飞，很快即先行登上四都岭头。郑自诚还在岭腰，边爬山登岭边喊：“葛哥等我，葛哥等我！”葛哥见自诚气喘吁吁地赶上来，随口答道：“叫我葛哥，我也叫你甲高，预祝公子高中进士头甲。”于是主仆二人便在岭头一棵大松树下歇息。郑自诚刚在路旁大石块上坐下，便叫葛哥取出书卷，边歇息边温习诗词功课。歇后起步，葛哥又戏谑道：“公子如此用功，进京我当‘甲高’，回程你一定会当‘甲高’。”自诚随口答道："我若当上'甲高'，便要在这里建个凉亭，让后辈进京人有个歇息的地方。"后郑自诚果然高中状元。久而久之，此事便传开。郑性之致仕后，住福州吉庇巷，也时常回闽清。当他回到四都看望郑德虞子孙时，记起自己进京赶考时的许诺，当即挥笔写下了"甲高岭"三字，并出资在路上建亭，取名"甲梅亭"。"甲高岭"与"万松岭"笔迹相同，经闽清县文物部门考证，确认书者系郑性之。[①] 还有一个故事说：郑性之第一次赴京赶考，途经青洋隔岭，误陷义寨，他力劝义军弃戎从工，迁寨至闽清县东桥镇朱丹村，建造"义窑"烧制陶瓷器品以造福百姓，使闽清县成为远近闻名的"东南瓷都"。当地群众为纪念这段往事，改称这条山岭为"状元岭"。这段路位于今闽清县云龙乡后垅村三祭坂青洋隔岭的京福高速公路闽清段，此处有一隧道，原名"青洋隔隧道"，后经有关人士建议，由县政府等研究后请示，最后经福建省高速公路建设指挥部批准，正式更名为"状元岭隧道"。[②]

古道故事已相当久远，后人为了永久留住这段历史，遂有此举。这也再次反映闽清地区崇文重教的风气。

本篇文末附郑性之七律诗两首，以观才情。

梅　花

先生多在山中宿，为爱横斜影上窗。
茁发僧从深涧徙，赪肩奴过别峰扛。
和羹宰相调金鼎，止渴将军拥碧幢。
空谷不知如许艳，沽来村酒且开缸。

① 福建省闽清县政协文史资料委员会编，郑亨光主编：《状元宰辅郑性之》，2004 年编印，第 62—65 页。

② 政协福建省闽清县委员编：《梅城记忆》，2021 年编印，第 378 页。

南枝开北枝未开

山北云衣裹萼红，山南莫恨雪乘风。
眼前开谢人心别，醉里吟哦我辈同。
春意收香归鼎实，月梢留影印阶空。
诸君行试调羹手，来岁花边独钓翁。

（三）与林学蒙、林学履、许俭等

林学蒙、林学履兄弟筑室梅溪畔鼎峰之阳，朱子镌“龙门”二字于石。

林学蒙（1146—1226），字正卿，一名羽。永泰县人（一说闽清人），曾寓居闽清，并从朱熹学。“伪学”禁起，他筑室龙门庵，讲明性命之旨，不求仕进。所著有《梅坞集》等。黄榦与李道传书云：“向来同学之士，今凋零殆尽。闽中则潘谦之、林正卿……大约不过此数人。年来得尊兄并太守，陈寺丞（陈宓）相与接续，尤觉此道不孤也。”其筑室居县治鼎峰梅溪之阳，山水奇秀，双岩之下。山麓鼎峰书院即在附近，是处山崖露怪呈奇，不可名状。据《茶口林氏族谱》载，林学蒙结茅为龙门庵，他“无负于兹土之胜”，“与其乡人徜徉盘礴，而讲其所闻于师友”，卒葬闽清九都石牌隔。在朱熹与林氏的书信中，可知其学问传授大略。如《答林正卿书》云：“盖读书之法，须是从头至尾逐句玩味，看上字时如不知有下字，看上句时如不知有后句，看得都通透了，又却从头看此一段，令其首尾通贯。然方其看此段时，亦不知有后段也。如此渐进，庶几心与理会，自然浃洽。非惟会得圣贤言语意脉不差，且是自己分上身心义理日见纯熟。”①“大率朋友看文字多有浅迫之病，浅则于其文义多所不尽，迫故于其文理亦或不暇周悉，兼义理精微，纵横错综，各有意脉，今

① （宋）朱熹：《朱熹集》卷五十九，郭齐、尹波点校，四川教育出版社1997年版，第3010—3011页。

人多是见得一边，便欲就此执定，尽废他说，此乃古人所谓执德不宏者，非但读书为然也。要须识破此病，随事省察，庶几可以深造而自得耳。”[①]

林学履（1154—1221），字安卿，号金友、又号竹溪，林学蒙胞弟，与兄同游朱熹之门，“守南郡，从学者甚众”，后“卒业于勉斋黄先生，侍兄正卿讲学龙门庵下，有《紫阳问答》存于世焉”。黄榦撰《龙门庵记》云：“山曰鼎峰，水曰梅溪。鼎峰之上析为二支，东西迭起，仰而相向，俯而相就，卒而交互以相入梅溪之水，沿山而流，若往而复，若低而触，若停而蓄，莫知其所自。如是者百有余里，然后耸为双崖，泻为三滩，崖束滩驶，律萃澎湃，露怪呈奇，不可名状。”黄榦为其好友，此文中阐述山水养人，及其为乡人讲学历史：“大抵廉洁峻峭，好义而喜文，则山川之气实使然也。人固囿于气，当有以充之，不然樵渔耕贩，往来其间者相踵也，于我何有焉？今正卿能与其乡人徜徉盘礴，而讲其所闻于师友者，而充其所禀之气，宜乎博硕宏伟，而无负于兹土之胜矣。”[②]

最后再介绍许俭、黄师雍、陈靴三人。

许俭，字幼度，闽清人，朱子门人。“不蓄私财，不置私器，三世不分异，家无间言”。许俭曾从游朱子，“三世不分异，人称真儒”。其宅在三都贵湖。郑性之匾其堂曰“孝友”。朱熹曾书“光风霁月”四字匾悬于楼上。宋林羽有文记录这段史事，并论其为人：“君（许俭）从游晦庵朱先生，先生两造其庐……贵湖书堂之有碑，光风霁月之楼之有匾，与夫往来书简，家藏先生墨迹甚富。不蓄私财，不置私器，出入用度必听长者之命，升堂拜母，则长者肃肃，少者雍雍，虽童稚亦循循有礼如老成人……念来

① （宋）朱熹：《朱熹集》卷五十九，郭齐、尹波点校，四川教育出版社 1997 年版，第 3011 页。
② 刘训瑺纂修：《闽清县志·名胜志》。

日之未可必也。故以‘友顺’名堂，端明已为大书以匾之矣……”[1]还有黄榦门人黄师雍。黄师雍，字子敬，闽清人。少从黄榦学。举进士后诏为楚州官属。曾调婺州教授学正，以吕祖谦之学为法。李宗勉以其学最闻知，遂之龙溪。后再任监察御史，弹劾不避权贵，官终礼部侍郎。其人“简淡寡欲，靖厚有守，于邪正之辨甚明，视外物轻甚，爱护名节，无愧师友”。[2]据考，当时在闽清从学朱子的还有陈靴。陈靴，陈北山之子。其曾住闽清白樟云渡长老庄，告老致仕后隐居于闽清白云寺，并请理宗皇帝御书“白云山”石碑。闽清县举人曾作霖、进士黄登鲸分别为长老庄和白云寺撰写碑记，其中记载了陈北山、陈靴父子从学朱子事迹。

① 刘训瑺纂修：《闽清县志·名胜志》。

② （明）黄仲昭修纂：《八闽通志》卷之六十二，福建省地方志编纂委员会主编，福建人民出版社2006年版，第623页。

第三章 ▸

文泉书院的前世今生

一、崇文书院建立

文泉书院地址在坂东镇新壶、林田、塘坂三村交界的登高山下。而在此之前，须先介绍崇文书院。清乾隆四十八年（1783），黄作宾募资于麟田山麓建学堂。因膏火未备，当时并未延师考课。

现存“崇文学堂”门额

黄作宾（1755—1815），名祖嘉，号寅轩，曾为国子监太学生。黄作宾曾开设药铺，店名“体天医道”。无论族亲或邻居，来医病者均免开药方的笔费。他的医术高明，《文泉通讯》杂志记载，“如果不是不治之症，服一二剂，没有不见效的。著有《小儿科秘诀》，遗憾的是没有正式出版”。起初，他的子侄要到县城文庙读书，苦于长途跋涉，遂从严家购得一片山地，营建文昌宫（俗称魁星楼），随即延师督课。嘉庆十六年（1811），他又为文昌宫添筑围墙，取名“崇文学堂”，坊间俗称“崇文书院”。

崇文学堂时期大门

未修复前的崇文学堂

那时的书院聘请一位秀才教学，学生人数十余人，课程以讲授四书五经等为主，兼及诗赋。

清咸丰以后，黄氏已为望族，族中子弟多就读于这所书院。该书院最初系族学性质，但其影响的却是整个区域。闽清六都，“东界三都，西界十五都，南界五都，北界十六都”[①]，全都有二十余村，如湖头、下杭、溪头埔、榕坪、洪厝里、前埔、庵前、堂下、上汾、田坑、麟田、仁溪洋、陂头里、墘上里、车墘、塘边、坂头、巷尾、玉阪（一作玉坂）、佛堂前、朱厝、李厝柄、杨厝柄、鹿角等。后来，书院面向闽清全县招生，又扩大了影响力。有关资料也记载，“清道光咸丰以后，黄氏已成当地旺族，亲朋戚友众多。他们的子弟虽姓氏不同，多相托寄读崇文书院。崇文书院原为族学，至此实际已成半开放局面。”[②]

（一）光绪年间崇文书院的发展

光绪十五年（1889），黄氏卓识之士向族人提出：“为族养士，不若为乡养士。反就一乡养士，不若合数乡养士。”[③]这位黄氏族人名黄曾，是当时新壶里的有识之士。他建议扩大崇文书院规模，并面向全县招生，其胸怀与主张深得族人和广大民众认可。

在相关资料中还记载了这件事情的经过及当时书院的建筑规模。

时闽清知县胡庆荣亦热心兴学，接到举人刘焕光等佥禀后，亲临新壶里观察地形，见文昌宫环境高敞清幽，左右坡平地旷，遂择定此处办学，于是筹募资金以造黉舍。各乡闻风响应，于是购置田亩，在崇文书院前动土兴工。

① 刘训瑺纂修：《闽清县志·城市志》。

② 福建省闽清县第二中学（文泉中学）编：《文泉中学校史 1783—1988》，1988 年编印，第 2 页。

③ 闽清珖琅书楼编：《刘玉轩诗文选》，1983 年编印，第 182 页。

书院建成后小有规模，有二进讲堂一排、肄业书舍70余间，还配设其他杂屋。院前有古井，泉水甘美清冽，好茶者常来汲水煮茶。因泉水清冽，故拟“文泉”二字以作书院之名，也喻意文思如涌泉，“取之无尽，用之不竭”。

论崇文书院历史，不得不写一笔刘焕光。

刘焕光（1843—1911），字学华，闽清县人。史载其资质英俊而敏慧，少随堂叔刘树业学，所作文章得到老师肯定，师曰：“此子将来青出于蓝矣。”20岁时补博士弟子员，同治元年（1862）中举。随后就学福州正谊书院。正谊书院中英俊如云，而刘焕光每试皆名列前茅。时任正谊书院山长林鸿年对其刮目相看。刘焕光擅制艺，亦长于诗及古文辞。据载，他曾多次参加会试，但皆名落孙山，直到光绪二十四年（1898）才中进士。前人评价科举考试的难度，云：“三场辛苦磨成鬼。”在科考这条路上，从举人到进士，刘焕光走了30多年，原因是同治、光绪时期“文体卑下”，而他却坚持自己的文风，不肯顺应主考官要求，至“大挑”时，列为二等。后面的一段时间，他在福宁、福鼎、福安、尤溪等县任教谕职，“多士楷模之”。后来因其妻病逝，他就回到故里居住，平日以教授生徒营生计。

正谊书院是清代福州四大书院之一，这所书院培养出许多博学俊彦，著名者如叶大焯、陈宝琛、张亨嘉、刘大受、林纾、陈衍、吴曾祺等。书院招生规定：“务必在每年二月上旬参加公开考试，投考资格以举人和贡生为限……每年投考约四五百人。”[①]采取择优录取的招生模式。书院每月皆定期举行考试，由山长主持“师课”。正谊书院“对于清代末期的文化亦起了一定的推进作用”[②]。郑祖庚《侯官县乡土志》载：“（林）

① 徐心希主编：《闽都书院》，福建美术出版社2009年版，第196页。

② 萨伯森：《识适室剩墨》卷一。

鸿年严持师道。训士必以器识为先，而尤勉以根禾氏之学。故十数年间，士之沐化雨、捷春官者以百数。”刘焕光在正谊书院学习，自然受到正谊书院学风的影响。他不屑作八股文章，不追求通过科举考试以谋取功名，认为应该以经术和时务来训导和启迪后人。文泉书院成立以后，他为书院延师讲授，使闽清文风为之一振。

中进士后，刘焕光任官陕西，时当地官员满额，许久未授官职。他暂领小差事，为政一丝不苟，而经济窘迫。时值八国联军攻破北京，时局动荡，太监李莲英掌权，京师贿赂风行，攀附者多身登职位，而刘焕光生性耿介，以清白自持。后来他得到陕西巡抚赏识，被委任保安知县。他在任上爱民如子，惠政颇著，但因地方发生灾荒，终以忧劳成疾，亡故他乡，人闻噩耗，无不悲痛惋惜。

（二）书院与“虎丘黄”

古代各大家族为不断增强家族内部势力，以及在地方上扩大影响，通常垄断一些资源，包括教育在内。他们聘请名师主讲，鼓励家族子弟勤勉向学，而后通过科举考试途径以达到“学优登仕”的目的。这些步入仕途的家族子弟回过头来又会对本家族形成影响，从而稳固家族团体利益。所以各地“一些地方士绅也是创修书院的主要力量”。[1]黄氏族人“为一邑养士”的情怀与教育理想，在当时看来诚属难能可贵。同时，从更广

① 蔡志荣：《书院与地方社会：以明清湖北书院为中心考察》，中国社会科学出版社2014年版，第128—129页。

文泉书院周边景观

阔的视角看，这种胸怀应当是黄氏族人追述“祖功宗德”的一种表现。

创办书院者系虎丘黄氏后裔。

虎丘黄氏在闽省颇有影响力，在很早的时候黄氏家风就受人重视。宋代刘克庄《谒虎丘墓》诗云：

本是凤栖一草庐，八年三第世间无。
门前獬豸山长在，只恐儿孙不读书。[1]

① 刘训瑺纂修：《闽清县志·名胜志》。

虎丘黄氏入闽始祖黄敦，祖籍河南光州固始县。唐光启元年（885），黄敦偕弟黄膺随王审知入闽，由于志乐山林，故隐居于梅溪场盖平里凤栖山（今闽清县塔庄镇秀环村），“垦辟田亩，构茅亭、植花果，清居乐道。凡有登门，非有道者不接”。生六子：黄宗、黄礼、黄凝、黄教、黄启、黄余，世称“六叶”。黄氏家族诗礼传家，在处理家族内部关系时强调兄弟和睦，家族中传有训子诗云：

六叶同开一样青，莫因微利便相争。
一回相见一回老，能得几时为弟兄。

今六叶祠雄伟壮观，在海内外知名度颇高。虎丘黄氏族人被诗书之泽，世代簪缨辈出，人物彪炳史册，有“两朝双宰相”“一代五状元”“五国公”“三封侯”“三世流芳”“七子英贤”及“登进士者三百八十余人”“百年科第古今无”之盛誉。今六叶祠大厅上“状元”“榜眼”“探花”三鼎甲匾相互辉映，“兴国侯”“忠壮侯”“上柱国”“兵部尚书”“户部尚书”“监察御史”“高等顾问”“民族英雄”“传奇夫人”“进士”“博士”等匾额熠熠生辉，这些荣耀都在诉说着黄氏族人的成就。而文泉书院的历史，则从一个侧面反映了该家族的成就。

根据相关记载，朱熹、王安石、翁正春、曹学佺、黄榦、黄文焕等历史名人曾为虎丘黄氏撰写谱序，序文中总结了这个家族的名人事迹与历史影响。文天祥曾撰写《黄氏世宦谱序》，高度概括虎丘黄氏的官宦成就，并赞道：“仰止凤栖，翱翔千仞，徘徊虎丘，突越群峰，天地钟灵，固宜昌炽。今国家需才也亟，黄氏诸同寅，必有与余同宏济者。光祖报君，理一事同，余既羡黄氏之隆，而转伤宋室之衰也。”

至于将家族书院改为闽清邑书院，有一种可能是受到朝廷赐予的荣誉，故而使族人心志日渐宏大。

乾隆年间，清廷给黄氏一封诏书云：

> 求治在亲民之吏，端重循良，教忠励资之忱，聿隆褒奖。尔黄起凤乃江西瑞州府高安县知县黄惠之父，提躬淳厚，垂训端严，业可开先式，谷乃宣猷之本，泽堪启后贻，谋裕作牧之方。兹以覃恩，赠尔为文林郎，江西瑞州府高安县知县。锡之敕令于戏，克承清白之风，嘉兹报政，用慰显扬之志，昭乃遗谟。

咸丰年间，清廷亦下一封诏书云：

> ……儒士黄奇钟乃福建福州府闽清县候选同知，黄联珪之嗣父。垂髫逊志，束发知文，方冀石室，穷经竟尔。玉楼召职，兹以覃恩晋赠尔为‘奉政大夫、候选同知’锡之敕命……
>
> 奉天承运，皇帝制曰：臣职懋修作忠原于移孝，官方谨饬，扬名可以显亲尔。贡生黄其泗乃福建福州府闽清县候选同知黄联珪之本生父，志励诗书，行完里党，既标名于虎观，复垂训于鲤庭……

此为“清制”一种定例，封建社会官员封赠制度，是帝王笼络人心的办法之一——封授官员本身及其先辈和家属。朝廷所封赠之名号，无论是否有实际职务，都体现着一个家族的尊贵和荣耀，此即俗语“光宗耀祖”的历史含义。黄氏族人受到旌表，自然可以在当地社会大书一笔，显扬家族在地方上的声望，同时这也是黄氏族人将家族书院改为邑书院并面向全域招生的动因之一。当然原因也是多方面的，其中还包括黄氏族人的文风影响，今介绍黄氏族中几位文教人物如下：

据《虎丘六叶黄氏宗谱》载，宋状元黄唐、黄定，宋进士黄师参，宋进士、经史学家黄豫，宋进士、黄榦之徒黄师雍，宋榜眼、太学国子博士黄治，明代名宦、经学家黄文焕，清初闽清文人黄中正（曾携子遁迹于永福方壶岩，著《方壶山房诗》以寄志）等也是虎丘黄这一派人物。还有这一脉的黄荣贤，曾任民初浙江省特派瑞安县禁烟委员，后解职业医，致力研究陈修园医书。他在家乡（浙江）创办第一所私塾（后改为蟾屿小学、三山中心校），致力传播文化，曾作劝学诗云："十二时辰勿刻间，书生有志莫偷闲。人皆可以为尧舜，我且不能效孔颜。"

而黄文焕更是著作等身，著有《易释》《书释》《诗经考》《毛诗笺》《诗经琅嬛》《老子知常》《庄子句解》《秦汉文评》《汉诗审索》《陶诗释义》《杜诗掣碧》《韩诗审索》《昌谷集评注》《馆阁诗文稿》《日及堂文集》《日及堂尺牍》等。黄文焕（1598—1667），字维章，号恕斋，永福（今福州永泰）人，天启五年（1625）中进士后，官至翰林院编修、左春坊左中允，曾与黄道周、叶廷秀登台讲学。其曾作《清邑人黄家灯诗》云："绝顶登临纵大观，乱山四面似龙盘。洞天知是仙人宅，为叩云关仔细看。"该诗并见于《闽清县志》《虎丘六叶黄氏宗谱》中。黄文焕属"麟峰黄氏"，是虎丘黄氏"二叶"（黄作宾属"一叶"）。当时他必然与闽清邑人有来往，除了血脉这条脉络，创办文泉书院应该还有"家族学脉"的影响。而要理清其中关系，更多资料尚待挖掘、考证。

从黄氏家训中，亦可窥见书院教学所传达的教育理念及精神传承。

虎丘《黄氏家训》经族人不断更新、补充，内容日趋丰富，条条皆箴言警诫。家训分为敦孝悌、睦宗亲、和乡邻、明礼让、务本业、端士品、隆师道、畏法律、修坟墓、戒争讼、戒非为、戒犯上、戒异端、戒轻谱、孝顺父母、尊敬长上、和睦乡里、严训子孙、各安生理、莫作非为等内容；《家规十二则》包含忠君孝亲、敬兄事长、为夫正内、尊师信友、专心习业、安分守法、惜身节用、祀祖保墓、安家固业、睦族和邻、审婆择配、矜寡崇节；而《家教规约六条》中分别对敦孝友、肃闺门、豫教诲、勤职业、崇节俭、防婢仆等方面作了要求；更有《劝诫八条》云：孝悌宜敦、乡党宜睦、礼让宜明、廉耻宜砺、习读宜勤、农桑宜重、节俭宜崇、非为宜戒。其内容绝大部分体现传统书院的"礼"文化，部分内容至今仍值得遵循、借鉴、提倡、发扬。虎丘《黄氏族谱》中不厌其烦地对这些内容逐条、逐句进行推演、讲说，这表明黄氏族人群体对它的重视程度。家族重视族内教育渊源甚早，中国现代"史学四大家"中有两位大师都对此进行了说明。陈寅恪指出："盖自汉代学校制度废弛，博士传授之风气止息以后，而家族复限于地域，故魏晋南北朝之学术及宗教皆与家族、地域两点不可分离。"而钱穆更是强调："（魏晋时期）中国文化，赖借这些门第的扶护保养而重得回生。"且学界也早已认定家族创建书院是中国书院建造史上一个特有的现象，堪称"地方文化独特的精神坐标"。

文泉书院航拍图

二、文泉书院教育思想初探

书院教育历经千年，其教学形式与内容也随时代转变，且在各级书院中运行模式又有区别，但书院精神却始终一贯。

书院首要教育任务之一是涵养德性，这是传统儒家所追求的目标，其内涵包括仁、义、礼、智、信、孝、悌、忠、廉、耻，在此基础上期望对社会做出积极的贡献，也正如《大学》中所言“修身”“齐家”“治国”“平天下”的道理。仁，是儒学核心，传统书院教育也可以归结到这个字眼上来。仁，是书院教育对生徒的基本要求，孔子曰：“我欲仁，斯仁至矣。”同时也是最高期待。《论语》载：“苟志于仁矣，无恶也。”仁是修身要则，所谓“克己复礼为仁”，是故君子者，则终日依仁，所谓“君子无终食之间违仁，造次必于是，颠沛必于是”。而书院中所养成的刚毅之志，即“无求生以害仁，有杀身以成仁”之理。仁之重要性如此，所以孔子强调：“人而不仁，如礼何？人而不仁，如乐何？”而《论语》中更总结为士者应“志于道，据于德，依于仁，游于艺”。笔者认为书院教育可以溯源至孔子讲学，故写此一段加以说明。但书院这个名称及其形式的确定，则从唐代开始。

唐代丽正、集贤书院，主要承担经籍刊核任务，同时书院中文士聚集，以备朝廷顾问；此时期民间也有一些类似书院的场所出现，如命名为“书院”的文人读书处等。李国钧《中国书院史》一书认为，书院最早出现于唐代民间，这时书院是一种“以私人创建或主持为主，收藏一定数量图书，

文泉书院风景

聚徒讲学和研讨，高于一般蒙学的特殊教育组织形式”。[①] 北宋初，一方面因官学发展滞后，另一方面由于学术繁荣，从而使书院得以发展。书院为官学承担部分教育任务，其次书院与学术研究、传播紧密结合，成为很多儒学大师的“研究阵地”，于是引人慕名前往就学，书院之名也由是传开。

在北宋“官学运动”中，书院发展也未受到影响，因民间力量对书院的支持力度始终有增无减。此时期“士大夫学术领域的自由得到朝廷的充分尊重与鼓励”[②]。这样的风气直接影响后世书院发展。南宋时期书院制度正式确立，通过书院以传承文化，成为多数理学家的宏愿。朱熹是书院教育推动者，也是中国书院代表人物，历史上与他有关的书院多是当地文教中心，这些书院的建设多能为各地区书院起到很好的榜样作用。而此时官方不同程度地开始介入书院事务，表现为朝廷对书院赐书，赐院额，对人物进行表彰等。久之，一些书院逐渐官学化，或者出现官学教育的某种特点。而书院学习是为科考，还是为研究学术或实践圣贤学说，也成为区别书院性质的一个重要衡量标准。但另一方面也应肯定书院吸收了官学中好的做法，如借鉴其考试制度，对学生学业、德业进行考核等，前者是量化，而后者则是自我检查，因儒家强调“自省”功夫。历代许多书院山长都力图转变书院学风，以期实现“传道”使命，这从很多书院史料中可以看出来。

如福州鳌峰书院创办人张伯行在《学规类编》序中说道：“学者先立品行，次及文学。又曰躬修实践，砥砺廉隅。其于学术事功之源流、亲师取友之轨范，言之如此其亲切而著明也。盖欲使学校之中，士习端，士行笃，正谊明道，于以持身而型俗，凡所为修之家而献之廷者，无非圣

① 李国钧主编：《中国书院史》，湖南教育出版社 1998 年版，第 2 页。
② 李劲松：《北宋书院研究》，黑龙江教育出版社 2011 年版，第 69 页。

贤成己及物之功。庶乎处则为真儒，而出可以为纯臣矣。”[①] 桑调元在《道山书院学规》中讲道：“窃惟士人立志宏远，‘三不朽’皆吾分内。顾收敛身心，厚筑基本，先自切近处用功，循序渐进，以驯至于高明光大之域。”[②] 王凯泰在《致用堂规约》中讲道：“圣人教人，只重躬行，罕言性命天道。然读书期于明理，求仁贵乎存心。学者修身善道，首在明义利之分，审是非之界，立志不欺，行已有耻，一切秽浊之涂、钻营之术、利己害人之谋、枉道徇人之行，皆足败名辱身，毫发不可生于心而见于事。充类至义之尽，则哺啜亦不可苟，跬步亦不可轻，矧大于此者乎？君子立身制行，树为坊

文泉书院院门

① 邓洪波主编：《中国书院学规集成》，中西书局 2011 年版，第 519 页。
② （清）桑调元：《桑调元集》卷十七，林旭文点校，浙江古籍出版社 2020 年版，第 324 页。

表。彼同流合污、奄然媚世者，乃乡愿所为，圣人犹恶而斥之，况佥邪非类、便佞友朋，岂容与相亲比耶？学也者，所以学为圣贤。”[①] 如《文泉书院学则》中也强调：“生员立志，当学为忠臣清官，书史所载忠清事迹，务须互相讲究，凡利国爱民之事，更宜留心。”[②]

各级书院因所面对生徒层次不同，其教学内容也有所区别，但多是以儒家典籍为中心而展开，书院教学主要关注的是生徒德行及学术、学问养成，这从许多书院所揭示的办学宗旨、人才培养目标等可以看出。书院教育以实现“传道济斯民”为目标，也正是由于这样的教育理念，书院才能长盛不衰。

关于文泉书院的教学，胡庆荣在《文泉书院记》中载：“（书院）四季由官下乡亲课。春季定二月中旬甄别。每课生、监三十余人；童生七十余人，皆彬彬循礼。余校阅认真，定甲、乙厚奖，赏榜列院门，期可共勖。平时一月两课，归山长定评。诸生咸得就正，阅两载矣。”[③]

据此可知，文泉书院日常课程如多数书院一样，其书院学业考课可分为官课与师课。官课由官府主持考试，课卷命题、评卷及相关奖励等皆由官府负责；师课系书院山长主持，出题阅卷及点评等皆由山长负责。书院所招收学生对象，分别为生员（俗称秀才）、监生及童生。“定甲、乙厚奖”是对学生的一种奖励，这是当时书院的通例。对于这种做法，章柳泉在《中国书院史话》一书中评价道：“我国乡里创建书院，往往自动捐田以为膏火等费用。明代一些乡邑书院举行文会，以课文发给笔金，都体现乡里人希望本乡多一些读书人的心理。膏火有类助学金，对清寒之

① 邓洪波主编：《中国书院学规集成》，中西书局 2011 年版，第 552 页。

② （清）李骏斌撰：《文泉书院学则》，转引自福建省文化厅编《福建历代乡规民约》，海峡书局 2014 年版，第 3 页。

③ 福建省闽清县第二中学（文泉中学）编：《文泉中学校史（1783—1988）》，1988 年编印，第 27 页。

文泉书院风景

士有利。”总而言之，清代科举与书院的关系，体现了“和而不同”的特点。邓洪波有一段精辟论述：“清代书院取代官学成为培养人才的主要机构，而科举制度则几乎完全成为知识阶层仕进的唯一阶梯，书院自然也不可能独立于科举制度之外，成为与世隔绝的象牙塔。因此，绝大多数书院的教学目标、教学内容和课程设置都围绕科举制度进行，书院几乎成为科举育才机构。但书院教学并不是为科举而科举，而是在坚守自身特色的基础上去适应科举制度，并且通过自身的制度建设来纠正培养科举人才过程中出现的偏差，这种‘和而不同’的关系既是书院与科举关系的主要特点，亦是书院与官学的主要区别之所在。”①

文泉书院对闽清文教、文化发展曾发挥过巨大作用，它传承中华文化精粹，教导学生格物致知，读书穷理而后有所建树。史载当时“都人士络绎负笈，相与读书穷理，勉为有用之才，非第讲求文字已也”②。且通过书院教育能辐射与影响地方文化，从而改变一个地区的学风。秉持一种好的教育理念，不独推进书院发展进程，在当代，闽清能够走向全国、面向世界，其中也有赖于文泉书院的历史贡献。正如刘子直《文泉中学简史》一文所说：“文泉中学从崇文书院开始，中间经过十次更改校名。二百余年间，雨雨风风，饱历人世沧桑。然而与时代同步前进，英才辈出，校友遍及海内外，尚堪告慰为文泉中学教育事业鞠躬尽瘁的创业者和守成者的辛勤苦心。”③

① 邓洪波：《中国书院史》，武汉大学出版社 2012 年版，第 538—539 页。

② 福建省闽清县第二中学（文泉中学）编：《文泉中学校史（1783—1988）》，1988 年编印，第 28 页。

③ 中国人民政治协商会议福建省闽清县委员会文史工作组编：《闽清文史资料》（第四辑），1985 年编印，第 59 页。

三、文泉书院山长

文泉书院兴建以来"诸生弦诵其间，泽诗书之气，广文学之风"。而讨论文泉书院教育思想与教学内容，通过挖掘、整理历代山长事迹可见其详，而山长行迹也最能体现书院精神。数位山长致力书院教育，为梅邑培养了许多人才，其教育思想值得传承，且其中诸多教育理念至今仍值得借鉴。

据刘训瑺《文泉书院纪略》等记载，书院主讲有苏人谷、庄鼎元、赵以成、林师望、李骏斌、唐瀚波等。以下略述这几位书院山长的事迹及其教育思想。

（一）苏人谷

清光绪十七年（1891），文泉书院从福州礼聘进士、原广西镇安府知府苏人谷来梅掌教文泉书院。苏山长勤勉教学，诲人不倦，造就人才颇夥。时书院每年二月中旬由县课卷，甄别等第，并对优异者厚加奖赏，同时列榜院门。平时则一月两次师课以甄别优劣，由山长定评。

苏人谷，号性泉，其主讲文泉书院，循循善诱，刘玉轩等曾受学于他，作有《盆莲奉送苏性泉山长》诗云：

不受淤泥半点侵，亭亭净植涤尘襟。
吹嘘全仗春风力，涵育难忘化雨心。
弱质何堪当雅爱，名花从此得知音。

濂溪崛起先生继，韵事流传合古今。[①]

诗中赞誉苏人谷行事、为人，并将他比为宋代哲学家周濂溪，同时也肯定了他的教学成就。该诗得到苏人谷的赞赏，次日院课时，苏即以原作命诸生“和韵”。此事可算文泉书院中的一段逸事，但从这种“从游之乐”的情境中也正看出课堂教学气氛活跃，师生相处融洽，这也是书院与官学教育的不同点之一。

关于苏人谷的资料甚少，笔者查阅《虎丘六叶黄氏宗谱长房墩上分谱》，见其人所作《黄烈女记》一篇，此文章落款为“同进士出身、前署广西镇安府知府、文泉书院掌教苏人谷撰”，可知该文系其在文泉书院时所作。苏人谷以儒家道德标准来品评人物、议论时事，亦能从此文中略见端倪，文云：“孔曰‘杀身成仁’，孟曰‘舍生取义’，合仁与义孔孟取之。傅曰：‘死有或重于泰山，或轻于鸿毛。’鸿毛者何？非仁非义也；泰山者何？仁之至，义之尽也。女之烈，其人合于孔孟之旨乎？”

（二）庄鼎元

庄鼎元，进士出身，曾任户部郎中等职。家资素饶，自筑一园，题句云：

笠屐寄生涯，剔藓剜苔，四面青山应笑我；
蓬莱原咫尺，吟风啸月，一枝彩笔属何人。

文泉书院山长多为博学之人，他们虽学富五车，却平易近人，对待来访者，不论其是何身份，皆能热诚相待，且无倦意。有时山长也到村中闲转，或于学生家中稍坐，或于阡陌间与农民闲谈。据《文泉中学校

① 闽清玳琅书楼编：《刘玉轩诗文选》，1983年编印，第13页。

史（1783—1988）》载，“庄鼎元山长到任后，喜在书院右边禄位厅漫步和接待宾客。禄位厅小天井种植多种花卉，厅面磨光三合土，两旁房舍门窗花雕装饰；背后崇文白玉兰古树高耸，三春枝叶茂密，夏秋开花，香沁心脾。乡中擅长诗文者常到这里聚会，道古谈今、唱和诗词。当时，禄位厅正面大柱楹联空缺，庄山长欣然亲自拟句手书，后由院方聘巧匠精制木质弧形楹联，悬挂在两边大柱上。”

联句云：

释疑则一字可师，若柳箧李楼，试问其人有几；
寻芳在五步之内，过芹山柽岭，始知何地无才。

后禄位厅拆毁，庄山长墨迹也不复存在。庄山长文采甚好，更有《题梦亭》句云：

君从蓬岛归来，香火因缘，石髓可能赠中散；
我自邯郸过后，烟云富贵，枕头愿再借先生。

又题：

浮生真若梦耳，算来百岁而还，不过三万六日；
此国其众香乎，开到千葩以后，恰好二十四风。

光绪二十一年（1895）四月，庄鼎元在文泉书院任上曾作《黄烈女记》一文，载于《虎丘六叶黄氏宗谱长房墘上分谱》中。现节录其文，再现其人文采：

少女凤悲，山川因而尽黑；望夫石古，草木为之不青。天上之怨千年，地下之愁万里。世无候藻贞义，知谁氏之间地，岂洛阳孝节，认何人之墓。既玉葬而香埋，亦烟销而雾散矣。然而，松柏有不凋之操，蕙兰无不发之香，……而乃一声裂帛，洒珠泪于无言，三尺成境，碎玉颜而不惜。茫茫碧海，不飞并命之禽，莽莽黄舆，枉种同生之木。此在名门莘阅，或明大义于靡他，何期僻壤穷乡，竟有芳徽之足式，是当辉之彤管，成一代之韶华，勒之贞珉，树千秋之绰楔……

坊间有一种说法，说他因商业失败，遂主闽清文泉书院讲席。笔者认为这种说法是片面的，因为但凡能为山长者，多有乐育之心。由于庄鼎元学问渊博，遂受书院诸生礼敬。殁时，黄茂才（绍南）挽以句云：

两度春风曾坐我；
一篇秋水有传人。

（三）李骏斌

不等边形思想界；
无穷级数野文科。

这是李骏斌悬挂在卧室内的一副对联。

李骏斌，字允卿，福州人。自小好学不倦、博览强记，青年中“经魁”。祖上营盐业，始有钱财。后因朝政腐败，李氏家族遂逐渐衰落。他不但精通经史，且对于古天文学、数学、医学、书法等均有研究，在榕城颇有名望。他当时感到朝廷腐败，世风日下，且一些丧权辱国之事使他对朝廷心灰

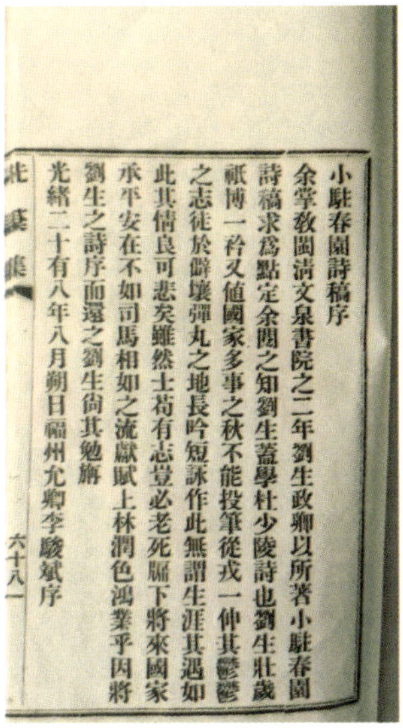

小駐春園詩稿序

余掌教閩清文泉書院之二年劉生政卿以所著小駐春園詩稿求爲點定余閱之知劉生蓋學杜少陵詩也劉生壯歲祗博一衿又値國家多事之秋不能投筆從戎一伸其鬱鬱之志徒於僻壤彈丸之地長吟短詠作此無謂生涯其遇如此其情良可悲矣雖然士苟有志豈必老死牖下將來國家承平安在不如司馬相如之流獻賦上林潤色鴻業乎因將劉生之詩序而還之劉生尚其勉旃

光緒二十有八年八月朔日福州允卿李駿斌序

六十八

李骏斌《小驻春园诗稿序》书影
（载于刘玉轩等辑《先芬集》）

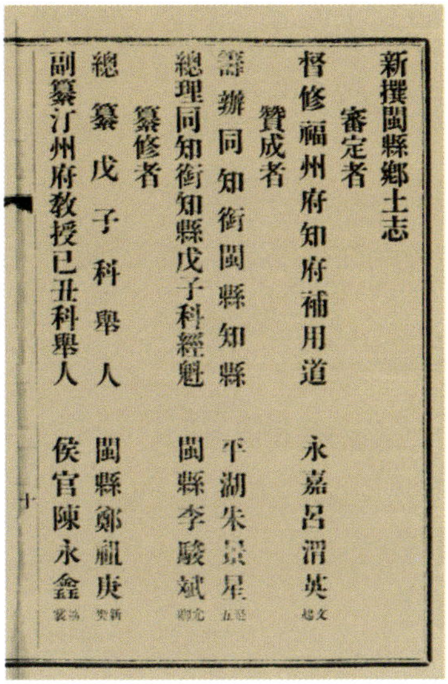

新撰閩縣鄉土志

審定者

督修福州府知府補用道　永嘉呂渭英

贊成者

籌辦同知銜閩縣知縣　平湖朱景星

總理同知銜知縣戊子科經魁　閩縣李駿斌

纂修者

總纂戊子科舉人　閩縣鄭祖庚

副纂汀州府教授己丑科舉人　侯官陳永鑫

《闽县乡土志》书影

意冷，于是“气愤消极不再赴京会试，愿留家乡培育人才”。在文泉书院山长任上，他倡导科学文明，反对封建思想，给学生们留下深刻印象。李骏斌的外甥吴子枫，是文泉书院1941届毕业生，其曾作《李允卿公简传》一文，对李骏斌作出这样的评价：“梅邑人物多文明礼貌、谦虚谨慎、勤劳勇敢。献身于辛亥革命与工农革命大有人在，与公之治学精神有一脉相承的思想渊源。”兹录文中相关介绍，以补人物生平：长子李伯仁，曾任上海商务印书馆经理；次子李兰漪，曾任中国驻法国大使馆秘书。[①]

戊戌变法时，国内有识之士皆同情和拥护康（有为）梁（启超）新法主张，李骏斌便是其中一个。掌教文泉书院期间，他教授几何和代数两科。这是文泉书院有史以来第一次让学生接触这两门学科。李骏斌性格平易近人，故生徒喜得“从游之乐”。1905年，其得意学生黄绍彤病逝，

① 福建省闽清县第二中学（文泉中学）编：《文泉中学校史（1783—1988）》，1988年编印，第69页。

他漏夜作《哭绍彤》诗 20 首，足见师生情谊。

其中一绝云：

门庭如昨个人非，王谢堂前燕不归。
愁向芭蕉墙外望，夕阳犹恋旧乌衣。[①]

又有句云："热血满腔赍恨殁，倩谁重与话维新。"

李骏斌精通四书五经，还擅长医术、天文、数学和书法，通过其笔下《赠阿梁子序》一文，可窥见其教育思想。

黄少封，闽清名孝廉岳甫大令之哲嗣。少尝随宦豫章，读书未售而学医，自号"阿梁子"。李骏斌借序文对 20 世纪政界、学界的改良思路提出自己的观点："政界之要在于相，学界之要在于医。"文章引经据典，列举范文正、司马温公、伊尹等事，指出："故处今纪而欲求医学之改良，则必博考古先圣贤之方书，如《针经》《内经》《难经》，仲景、元化、元方、思邈以迄唐宋近世诸大家，于所谓《藏府经》《脉络穴》《井俞药品方剂》罔不精熟。复益以西图之精细、化学之考察、病器之完具，即欲睥睨全球，卓冠医苑，南面王不与易，何区区一相之足与抗敌哉！"这段话充分体现了中华文化本位思想，也折射出一位书院山长的本色。文章最后，他写道："阿梁子果有意乎此，振刷其精神，坚忍其愿力，浸淫恶，寝馈焉，以阿衡之自任者而任之。天地，一炉炭也；日月，一水火也；雨露霜雪，一汤匙也；飞潜动植，金石泥砂，一材料也；通都大邑，白叟黄童，一考校场，察验器也；进步不已，底于大成，为梅溪辟医学，一新世界……因共索言于子，爰撰数语进之、策之、期之、俟之，传道得与，亦都人之

① 福建省闽清县第二中学（文泉中学）编：《文泉中学校史（1783—1988）》，1988 年编印，第 4 页。

素旦也。有志者竟成有为者，若是阿衡、阿梁，其庶有合一之一日欤？”

这即是书院“经世致用”思想的一种体现。

书院学则，即指书院规约、守则、教规，它揭示书院教学宗旨，为学生指明学习方向、方法，并对生徒在书院中生活提出种种规范，以提纲挈领的书写方式，规范他们的言行举止。书院学则反映书院教学情况，也体现了一个书院的制度，但并非所有书院都有学则。

当年，李骏斌制定了《文泉书院学则》。该《学则》第一条为“敦本第一”，并引“世祖皇帝卧碑八条”，以阐明国家建校设学的意义：“全要养成贤才，以供朝廷之用”，而诸生“皆当上报国恩，下立人品”。学则中具录而不厌其详，内容包括“居家”“立志”“居心”及“不可干求官长”“当爱心忍性”“当尊敬先生”等。《学则》中对康熙“圣谕”十六条进行强调，曰：“敦孝悌以重人伦，笃宗族以昭雍睦，和乡党以息争讼，重农桑以足衣食，尚节俭以足财用，隆学校以端士习，黜异端以崇正学，讲法律以儆愚顽，明礼让以厚风俗，务本业以定民志，训子弟以禁非为，息诬告以全善良，诫窝逃以免株连，完钱粮以省催科，联保甲以弥盗贼，解仇忿以重身命。”在《学则》中首先引入“圣谕”，也表明了文泉书院始终与官府的政教举措保持一致。

在《学则》中，李骏斌山长还全文引入朱熹所制定的《白鹿洞书院教条》（又作《白鹿洞书院揭示》《白鹿洞书院学规》）。白鹿洞书院是中国“四大书院”，而这则学规又被誉为“天下第一书院学规”，被历代教育家奉持不渝。明代大学者、教育家王阳明曾说：“夫为学之方，白鹿之规尽矣。”自这则学规问世以来，各书院竞相仿效，或直接录之为院规。

《白鹿洞书院揭示》字字珠玑，句句经典，体现了传统书院的教育要旨，并录于下：

父子有亲，君臣有义，夫妇有别，长幼有序，朋友有信。右五教之目。尧舜使契为司徒，敬敷五教，即此是也。学者学此而已。而其所以学之序，亦有五焉，具列如左：博学之，审问之，慎思之，明辨之，笃行之。右为学之序。学问思辨四者，所以穷理也，若夫笃行之事，则自修身以至于处事、接物，亦各有要，具列如左：言忠信，行笃敬，惩忿窒欲，迁善改过。右修身之要。正其谊，不谋其利；明其道，不计其功。右处事之要。己所不欲，勿施于人；行有不得，反求诸己。右接物之要。①

《文泉书院学则》中，李山长也引用教育家程端蒙、董铢二先生学则，对学生日常居处、行仪、学习方法等提出了具体要求："凡学于此者，必严朔望之仪，谨晨昏之令，居处必恭，步立必正……""一则举学问之宏纲大目，一则定为群居日用常仪，即古来大小学之遗法也。圣贤成训根本要图，千古学规均当熟诵（其详具读书分年日程，学者当人购一册箴诸座右）……"最后他列出"修崇道德""坚立志向""砥砺气节""检治心身"四目以教学子。

朱熹也高度肯定《程董二先生学则》，曾说："凡为庠塾之师者，能以是而率其徒，则所谓成人有德，小子有造者，将复见于今日矣。"兹引朱子论定《程董学则》全文如下：

凡学于此者，必严朔望之仪。

其日昧爽，值日一人主击板。始击，咸起，盥漱、总、栉、衣、冠。再击，皆着深衣，或凉衫，升堂，师长率弟子，诣先圣像前再拜。

① 李梦阳等编，白鹿洞书院古志整理委员会整理：《白鹿洞书院古志五种》，中华书局1995年版，第1153—1154页。

焚香，讫。又再拜，退。师长西南向立。诸生之长者，率以次东北向，再拜。师长立而扶之。长者一人前致辞，讫，又再拜。师长入于室。诸生以次环立，再拜，退，各就案。

谨晨昏之令。

常日击板如前。再击，诸生升堂序立，俟师长出户，立定皆揖，次分两序，相揖而退。至夜将寝，击板会揖，如朝礼。会讲、会食、会茶，亦击板如前。朝揖、会讲以深衣或凉衫，余以道服褙子。

居处必恭。

居有常处，序坐以齿。凡坐，必直身正体。毋箕踞、倾倚、交胫、摇足。寝，必后长者。既寝勿言。当书勿寝。

步立必正。

行必徐，立必拱。必后长者，毋背所尊。毋践阈，毋跛倚。

视听必端。

毋淫视，毋倾听。

言语必谨。

致详审，重然诺，肃声气。毋轻，毋诞，毋戏谑、喧哗。毋论及乡里人物长短，及市井鄙俚无益之谈。

容貌必庄。

必端严凝重，毋轻易放肆，毋粗豪狠傲，毋轻有喜怒。

衣冠必整。

毋为诡异华靡，毋致垢敝简率。虽燕处，不得裸袒露顶。虽盛暑，不得辄去鞋袜。

饮食必节。

毋求饱，毋贪味。食必以时，毋耻恶食。非节、假及尊命，不得饮酒。饮不过三爵，勿至醉。

出入必省。

非尊长呼唤，师长使令，及已有急干，不得辄出学门。出必告，反必面。出不易方，入不逾期。

读书必专一。

必正心肃容，记遍数。遍数已足，而未成诵，必须成诵；遍数未足，虽已成诵，必满遍数。一书已熟，方读一书，毋务泛观，毋务强记。非圣贤之书勿读，无益之文勿观。

写字必楷敬。

勿草，勿敧倾。

几案必整齐。

位置有伦，简帙不乱。书箧衣笥，必谨扃钥。

堂室必洁净。

逐日，值日再击板如前。以水洒堂上，良久，以帚扫去尘埃，以巾拭拭几案。其余悉令斋仆扫拭之。别有污秽，悉令扫除，不拘早晚。

相呼必以齿。

年长倍者以丈，十年长者以兄，年相若者以字勿以尔汝。书问称谓，亦如之。

接见必有定。

凡客请见，师长，坐定，值日击板，诸生如其服升堂。序揖，立侍，师长命之退，则退。若客于诸生中，有自欲相见者，则见师长毕。就其位见之。非其类者，勿与亲狎。

修业有余功，游艺以适性。

弹琴、习射、投壶各有仪矩，非时勿弄。博弈鄙事，不宜亲学。

使人庄以恕，而必专所听。

择谨愿勤力者，庄以临之，恕以待之，有小过者诃之。甚则白于师长惩之。不悛，众禀师长遣之。不许直行己意。苟日从事于斯而不敢忽，则入德之方庶乎其近之矣。

道不远人，理不外事。故古人之教者，自其能食能言，而所以训导整齐之者，莫不有法，而况家塾党庠术序之间乎。彼学者所以入孝出悌，行谨言信，群居终日，德进业修，而暴慢放肆之气，不设于身体者，由此故也。番阳程端蒙与其友生董铢，共为此书，将以教其乡人子弟，而作新之，盖有古人小学之遗意矣。余以为凡为庠序之师者，能以是而率其徒，则所谓成人有德，小子有造者，将复见于今日矣。于以助成后王降德之意，岂不美哉？

淳熙十四年丁未十一月甲子新安朱熹书[①]

《文泉书院学则》堪称闽清书院教育名篇。清末书院教学与管理制度已衰败，李骏斌在当时再次强调学生应加强心性修养、练就君子人格，这是值得充分肯定的。制定《文泉书院学则》不独助益于闽清文教发展与学风塑造，对整个福州学界也有积极意义。

关于李骏斌，还有两件事应当要说。一是他参与《闽县乡土志》《侯官县乡土志》有关事宜。《闽县乡土志》载："赞成者：……总理同知衔知县戊子科经魁，闽县李骏斌允卿"。《侯官县乡土志》载："……赞成者：子元总办五品衔候选知县戊子科举人闽县李骏斌允卿"。所谓"赞成"，即协助完成之意。两书体系庞大，介绍关于闽县、侯官的人文地理、故旧往事及风土见闻，为当时"小学堂官定乡土教材"。至今，许多研究福州历史者也将其列为主要参考书目。二是他擅长书法，"学生黄镜人传其书法"。只惜他当年所存留数十本手稿，均毁于历次动乱中。

① （清）陈宏谋辑：《五种遗规》朱子论定《程董学则》，中国华侨出版社2012年版，第9—12页。

（四）唐瀚波

唐瀚波，其在文泉书院教学，曾“仿宋儒分斋课士之法”。

唐瀚波（1870—1941），闽侯南屿尧沙人，号汀镜，清末福州著名诗人。光绪二十八年（1902）举人，民国初任驻新加坡领事馆总领事。晚年弃官回乡从教，经常参加福州地区诗事活动，曾在大庙山参与筹办诗社。1927年12月至1929年8月在集美中学任秘书、国文教员。当时曾作《集美八景》，诗序云：“居集半载，无一遣怀，饭后茶余，戏为品目，昔日汪伦之十里桃花、万家酒店，尚足谁青莲命驾，况此间实有佳趣耶。因缀俚句，并乞施君可愚为之图，亦一段鸿爪因缘云。”

唐瀚波一生写过许多诗作，但多数诗稿不幸焚毁，其诗云：“参元失火贺纷纷，残稿无多已尽焚。不是祝融能肆虐，本来覆瓿太玄文。”并自注：“由平和归，既达江岸，始知家遭回禄，书籍及旧稿均付一烬。”友人扼腕痛惜，向他索取近作，于是他才作诗数首，在他诗歌小注的“自白”中，可以略见其学习历程及从教事略：“年六十矣，日月如迈，老不自知。旧梦新尘，历历在目。儿子敏畏、友廉请示近作。瞀儒供状，钝叟谩言，拉杂濡毫，遂尔词费。殆庄生所谓卮言者欤！得三十首，命曰：《卮吟》。”

唐瀚波学问最初得益于家学。5岁时，祖母口授诗词古文，时曾大父“尝集诸孙曾绕膝背诵”，唐瀚波亦在其中。9岁时，随“星垣、逸湍二兄从受《孟子》《毛诗》《左氏传》等书”。其主讲文泉书院时间并不长，光绪三十一年（1905）掌教闽清文泉书院，“秋科举废，遂旋里”。光绪三十二年秋，充省中高等学堂汉文教习。他在回忆文泉书院时，曾作诗一首云：“满眼春韶出里门，梅溪风物似桃源。雪泥鸿爪依稀在，漫道名山一席尊。”虽然他在文泉书院的教迹不详，但仍可据其自况诗及教子诗二首，见其性格及教育思想一斑。其一云：“斋粥生涯范仲淹，长贫强自学清廉。四知暮夜原堪畏，敢信平生律己严。”其二云：“忠恕先贤座右铭，子舆养气更前型。谆谆两字箕裘意，胜与儿曹教一经。”今再抄录其诗数首如下，以资存史：

一

大母传经课我曹，儿时句读尚牙謷。
耄期爱听循环诵，却被群曾赚枣糕。

二

黄卷青灯味可寻，重闻辟鸣尔南针。
焉知论语烧薪尽，祖砚摩挲直到今。

三

风树终天恨若何，再难诗礼鲤庭过。
弟兄纵可相师友，惭愧苏家轼辙多。

四

年年橐笔作书佣，饱受阑干苜蓿供。
潦倒文坛穷措大，心香一办向鳌峰。

五

滥竽上舍拥青毡，腹笥边韶未觉便。
夜静灯阑钟语歇，揽辉楼下自摊笺。

胡瑗是北宋时期著名教育家，致力为国家发现和培养人才，从治国利民的实际出发，讲究学以致用。他所创立的“分斋教学”是我国古代教学制度上的一大创举，反映了宋初社会发展和经济进步对学校教育的迫切要求，开创了我国古代分科教育和主修、选修制度先河。

胡瑗，人称“安定先生”，其学术特点列入《宋元学案·安定学案》中。分斋教学系“苏湖教法”的核心。胡瑗针对汉唐以来学校教育缺乏道艺、

文泉书院监院钤记

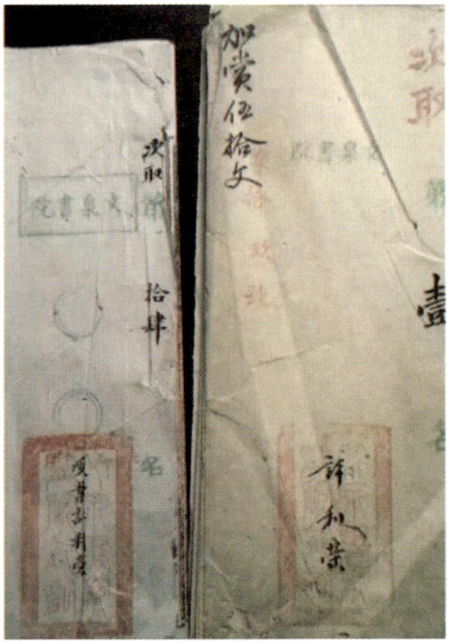

文泉书院文献史料

德行的情况，创立这种教学制度。《宋史·选举志》载：“安定胡瑗设教苏、湖间二十余年，世方尚词赋，湖学独立经义治事斋，以敦实学”，即在书院中分设经义斋和治事斋。经义斋选择“心性疏通，有器局，可任大事者”；治事斋分设治兵、治民、水利、算数等学科，学生可以选择一个主科，并兼学副科。《程氏遗书》称胡瑗“在湖州置治道斋，学者欲明治道者，讲之于中，如治兵、治民、水利、算数之类”。此制度对后世教育影响深远。

文泉书院山长还有赵以成（闽县人）、林师望（侯官人），二人与刘焕光同为光绪二十四年（1898）戊戌科进士。其余事迹待考。

四、文泉书院历史沿革

文泉书院的建立，是家族书院的转型，也是闽清明清两代书院发展过程中新的一页。闽清人才兴盛于宋代，而元明文风相对衰落，至清代地方上英贤辈出，现象又为之一变。闽清书院发展史上，旧有的书院至清代已基本无存。如鼎峰书院其时也“田租无几，名存实亡”，除了在那个时候重建的龙江书院，闽清地区其他地方并没有较大规模的书院。所以刘训瑺在《文泉书院纪略》中云：“文泉之建，以陶成后进。”这正是闽清教育给文泉书院的“嘱托”。故时任闽清主官胡庆荣对书院也寄予厚望，自信道：“他日之英贤辈出，甲第联翩，可胜计欤？”[①]

文泉书院的建设是民意所向，它有赖于黄氏族人推动，也表达了乡人对于接受教育的渴望，也正由于这些原因，文泉书院受到官方重视。胡庆荣“下车之初，据举人刘焕光等佥禀，不敢诿为异人任立，即亲诣该乡，相度设书院之处”。黄氏族人的办学理念得到族人和官方支持，有关人士闻风积极响应号召，这是书院得以发展的前提条件。文泉书院建立以后，各乡士子前来就学者络绎不绝。本节梳理相关历史资料，并结合历史文化背景，对文泉书院发展及转变作一梳理。

由私塾式书院到家族书院，再到县级书院，是等级、规模、师资方面的提升。而一所书院的发展史，也从侧面反映出一个地区的文化发展情

① 福建省闽清县第二中学（文泉中学）编：《文泉中学校史（1783—1988）》，1988年编印，第27页。

况。文泉书院的出现，也是闽清读书人日渐增多的原因。当时闽清六都村落读书者不少，而时人就学条件正如胡庆荣所言："而（六都）距城六、七十里，惮于远涉，素未来城附课，师心自用，绝少观摩，文学之功，安得日新月盛？就地老成之有识者，久思在六都添设书院。"① 文泉书院地处六都，其地位于"各乡之中区""民居辐辏"。这样的地理环境，也是官方认可其建设县级书院，并同意介入管理及给予支持的背景条件。

崇文学堂改为文泉书院后，发生一系列转变，包括建筑规模扩大、书院师资加强，同时面向全县招生，而在后勤保障方面，也购置了田亩作为书院田产。书院田产是书院产业之一，主要以田租收入来应付书院有关开支。文泉书院肇建，开支经费由书院附近各乡中殷实人家及富户捐赠，"附近各乡殷户，踊跃输捐。年收谷米一千四百担，作院中永远经费"。当时各乡积极响应号召，"计募万余金"②，这体现了乡民对教育的重视，也证明闽清官府政令有力。

（一）官方与民间共建书院

闽清当地主官相当重视书院教育，资料载："邑之有司岁亦三四至而甄别之"；书院建设一方面得利于当地官府参与，另一方面有赖于当地乡绅支持。而乡绅捐资、助力者甚多，黄友平在《为邑养士　福禄长生——小议文泉禄位文化》一文中写道："仅目前已经出土的两块《捐户题名》石牌上记载的捐户姓氏就达二十五个之多，几乎囊括了闽清县所有的族姓。"但捐资者生平甚难查考。黄作宾、刘焕光、胡庆荣等人事迹已见前述。现据《闽清县志》《虎丘六叶黄氏宗谱长房墘上分谱》等有关资料记载汇总如下，以补史之阙如：

① 福建省闽清县第二中学（文泉中学）编：《文泉中学校史（1783—1988）》，1988年编印，第27页。
② 刘训瑺纂修：《闽清县志·学校志》。

文泉书院捐户题名碑

黄懋球，字达元，号特甫，例贡生。“乡设崇文书院，捐建学舍五间。继设文泉书院，又捐三百金。凡邑中义翠、其勤诸碑碣者，多有父子姓名焉。享寿四十七岁”。

黄懋藻，字鸿元，号胪初，邑庠生。习医精于脉法，著有《小儿科秘论》，光绪年间创设文泉书院时，“极力勤募，不辞劳瘁，享寿五十岁”。

张滂运，字鸣涛，号梦松。乡荐贡生，雍进士，例授儒林郎。祖上由闽清六都溪头埔迁居永泰白云大坪村。1890 年捐巨资修建文泉书院，书院内有其长生禄位，享春秋二祭。

黄良镳，字绍构，号肖堂，国子监太学生。善承父志，“抽出祀田五千觔，首为文泉书院倡捐，其热心兴学，均属可嘉”。

黄熔光，号铸庵，邑增生，平生好为慈善之举，时设崇文书院，其子黄达元捐建学舍五间，继设文泉书院，又捐款三百金。“凡邑中义举，其勒诸碑碣者，多有熔光父子姓名”。

黄其灿，字菊亭，号本渊。生平尤注意教育，曾捐资千金。“以院宇狭隘，复添建学舍十余楹，以容肄业学生”。

黄联珪，号达夫，平生急公好义。时创建崇文书院，珪也慨然捐巨资。光绪中，设文泉书院。珪子绍年，善承父志，首为倡捐。

黄梦熊，号磻臣，邑增生。志载其“性梗直，人有睚眦事，得一言立解。或干以私者，必面斥之。尤乐义举，与各乡绅耆募设文泉书院，三年奔走，劳瘁不辞”。其课子授徒，必先礼法而后文艺，及门多有声黉序间。[①]

郑捷瑛，字璋庚，闽清六都仁溪洋人。“于文泉书院之设立，清安桥之建筑，均出力捐助”。

刘懿耕，字善劝，号亦农，不特乐捐巨资于文泉书院建设，且身任

① 刘训瑺纂修：《闽清县志·独行传》。

劝募之责，不辞劳瘁。

吴绳熙，字来初，闽清十一都人，“好义举，六都创建文泉书院，出力捐助”。

刘训和，字蔼庭。闽清六都人，“性好善举，凡创书院，修桥梁，无不身任其事”。

黄人驹，号申仲，邑五都龙溪人，秉直不阿，乡有睚眦事，恒往质之也。

李世昌，字良荃，号炽五，中年以后家产渐丰，自处俭约，而待里党殊厚。创建文泉书院时，曾捐三百金。

黄品霖，字碧川，创建文泉书院时亲赴各都募捐。“虽崇山峻岭，只徒步行，并不受舆马之费”。

许垒，字道贤，号新一，平日素好义举，凡遇桥梁、道路，无不乐为之，也曾出力捐助文泉书院建设。

黄曾，字炯庭，邑例贡。少治举子业，以父剑光年老，遂辍学治家。生平隆师重道，晚年尤好善举。募捐文泉书院，竭力协助，身任监院不受薪束，人皆称其尽职。

从崇文学堂到文泉书院的建立是一个漫长的过程。民间有心者四处奔走，而在此过程中“司事者始终不懈”，“历十余载而事始竣”。从此，这所书院开始了历史新一页。

（二）陈宝琛题匾

光绪二十年（1894），文泉书院内外修饰全部告竣。

书院大门口匾额“文泉书院”四个擘窠大字，系陈宝琛所书。其书法字体瘦硬遒劲，享誉清末民初书坛，有“伯潜体”之称。[①] 其间陈宝琛隐退在闽，并潜心学术，致力教育事业。应文泉书院之请，遂乐于成全。

① 张旭、车树昇、龚任界编著：《陈宝琛年谱》，福建人民出版社 2017 年版，第 2—3 页。

此事意义非同寻常，中国古代书法文化是一门艺术，但它也牵系着书法家体精神，古典书论有“苟非其人，虽工不贵”的论断。礼请陈宝琛为书院书丹，表面上看似有追求“名人效应”的心理动因，但实则暗喻书院所追求的精神。且陈宝琛为之濡书，也证明文泉书院在当时有一定影响力。这块“文泉书院”匾额对于这所书院而言，是有重大意义的。第一，书院题字的起始时间，正是文泉书院发展史上的转折点和“分水岭”：在光绪二十年以前，文泉书院虽为文教场所，但总体而言其教育更多只是为了应对科考，或为方便远近学子读书。文泉书院建立以后，不但书院面貌大为改观，且教育宗旨、教学制度、教课方法以及师资力量等都

文泉书院院额拓片

向前跨越一大步，这点在文泉书院几位山长身上亦有所体现。有趣的是，这块匾额也成为当代文泉书院保护史上的一个典型事例。以下先论陈宝琛其人，并整理其光绪二十年之前的教育事迹，以见其人当时的影响与对教育事业的贡献。

陈宝琛（1848—1935），字伯潜，号弢庵，晚号沧趣老人、听水斋主人等，闽县（今福州）人，同治进士，是近代著名教育家、诗人、书法家，博学通达，才识过人。他雅好读书，庋藏甚富，前后聚书十余万卷，与藏书家龚易图一起，人称“南陈北龚”。一生赋诗作文，笔无停歇，留下著

作颇多：纂修有《德宗本纪》《德宗实录》，编印有《澄秋馆印存》《澄秋馆吉金》《澄秋馆藏古封泥》《澄秋馆吉金图录》，著有《沧趣楼文存》《沧趣楼诗集》《听水斋词》《南游草》《陈文忠公奏议》等。光绪十一年（1885）至宣统元年（1909）在原籍家居，倾力学术与教育，倡办苍霞精舍、螺洲两等小学堂、东城小学堂、福建官立中等商业学堂、福建官立农业学堂、福建优级师范学堂（福建师范大学前身之一）等，并首倡福建女子教育，“倡办学务，达二十余年。福建知名之士多出其门下”。数举皆开福建新式教育先河，惠泽八闽大地乃至全国，在中国近代教育史上写下浓重一笔。

光绪八年（1882），陈宝琛简放江西乡试正考官，任上“玉尺平持”、试士严明，为朝廷严格选拔人才。后提督江西学政，主持全省教育事宜。他治理书院教育亦有力度。晚清书院教育凋零式微，八股取士制度导致书院管理和教学僵化，多数书院都致力于“举业”一途，学子希冀赢取功名，获得一官半职。当时，江西也学风日下，书院管理紊乱，主讲人常年不到书院，所制学约规章名存实亡；生徒埋首八股习作，且舞弊之事时有发生。其间，陈宝琛明察暗访，足迹遍布江西各州县。他发现各书院学生虽多，但除考试外，皆把书籍束于高阁，将课业置于九霄云外。乡试中，“剿袭雷同之卷，不下千本”。为此，他采取措施，严令各地书院及府县学按章办事、严肃考纪，并撤换不称职的书院山长。光绪十年，广信府武童生挟众闹事，其人为乡中著名刁顽，“历次闹考，习故为常”，以往地方官吏多迁就了事，陈宝琛“坚志挽回风俗为己任，思严惩之，以儆将来”。经其整顿，考场纪律严明。他明示“作君子，自辨义利始；举秀才，须明经传入”，以之作为诸生修学旨要，于是士子咸知所向，江西学风大变。

光绪九年，陈宝琛主持南康科考时，过白鹿洞书院，目击衰败之状而忧戚惨恻，于是筹措经费，修葺书院。陈宝琛认为，书院乃“学校中之最尊贵者”，是“经明行修之区，而非图利者也”。书院学子，首要的是“明经传”，这样才能明辨义利理。如果心中没有道德规范与行为准则，那么所读“经传”就形同虚文。他审慎挑选书院山长，延请福州名儒谢章铤掌教白鹿洞，使申明为学大旨，讲明大义，学生遂知“所以为学，所以为人”。相关历史，笔者在登于《福州晚报》的《陈宝琛开福建教育先河》一文中已谈及，在此不再赘述。

闽清当地请陈宝琛为文泉书院题额，其中也有着对书院未来发展的寄望。后来随着书院改学堂、学堂改学校等演变，文泉书院建筑也少有人留意，这块“文泉书院”匾额被覆盖在墙体之中。1992 年前后（一说 1996 年），闽清二中校门墙体有裂缝，在修复墙体时发现了这块匾额，引起校领导的重视，校方联系闽清县文化局。随后在众人合力下，文泉书院再度引起社会关注，后来被公布为县级文物保护单位。

闽清县公立中学校旧影

（三）书院改制后

光绪二十九年（1903），朝廷颁布《奏定学堂章程》，文泉书院改为高等小学堂（俗称文泉小学）。1913 年 8 月，文泉小学内添设中学，校名改为闽清私立文泉中学校（即旧制文泉中学），学制四年，经费由文泉书院移充。首任校长为闽清五都人黄师勉。1917 年，部令改校名为福建闽清公立中学校。

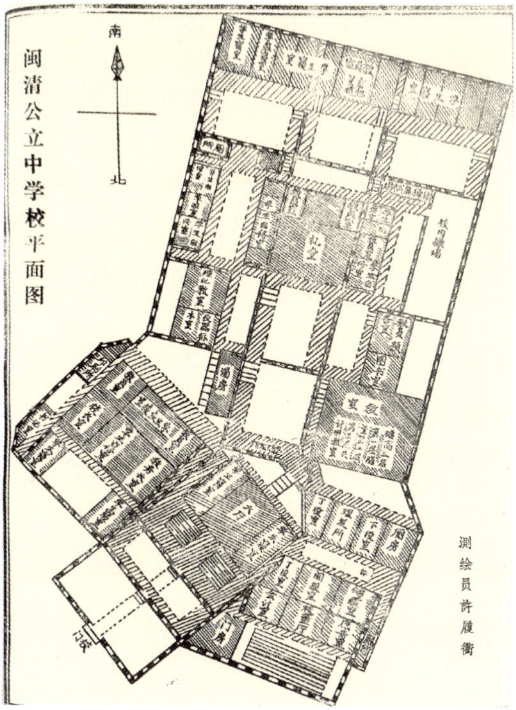

闽清公立中学校平面图

1927 年，由旅东南亚华侨捐资兴建“下文泉”，黄绍芳自愿捐田。时董事会组织工匠兴工，先建正楼，后建两旁和正面房舍，中间方形体育场，精致程度与规模略逊于文泉书院，校舍计百余间，新校舍背后有一荷池，中设木桥。时人称新建的校舍为“下文泉”，原文泉书院称“上文泉”。1932 年，国民政府教育部实行全国统一学制，文泉中学校改为三年制（初中）。学校董事会暂取委员制形式，新制文泉中学由此开始。此后，一段时间内该校又改名为闽清初级工业家事职业学校，粗具职业学校规模。1934 年，改校名为闽清县初级农业家事职业学校，1936 年停办。学校停办一年有奇，经福建省立科学馆馆长黄开绳（闽清人）、福建省教育厅厅长郑贞文（长乐人）、马来西亚侨领刘家洙等人呼吁，学校复名文泉中学，聘黄开统为校长。1949 年后与教会学校天儒初级中学、

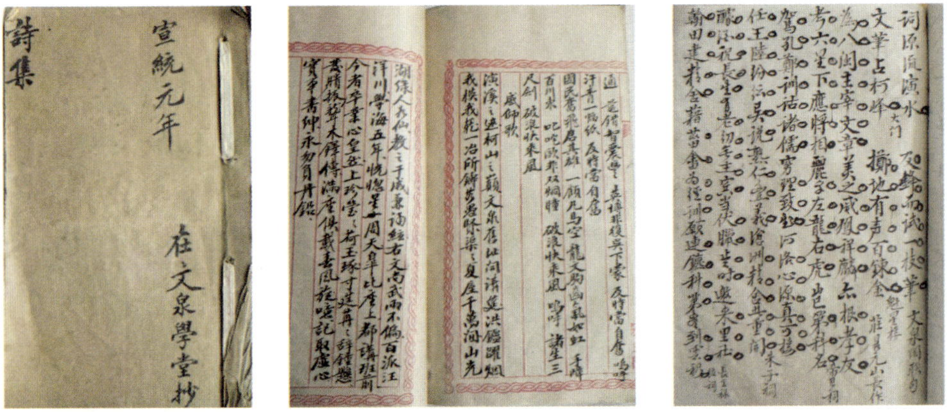

《文泉学堂抄本》书影

毓真女子初级中学合并，更名为省立闽清中学，1957 年改为闽清县第一中学，1959 年又与闽清县第二中学对换校址。本书集中讨论古代书院，故对那段历史不再叙述。但因书院文化之流风所及，并不限于那个时代，所以择取一些历史事件，以说明书院后来的影响。在此须提及三人：许刚、刘家洙、刘训瑺。

许刚（1889—1951），字讷如，闽清三都人。他从 1918 年公选接任旧制文泉中学校长，到 1933 年离职，在校长职位上任职达 15 年之久，是旧制文泉中学 5 任校长中任期最长的一位，也是跨越新旧两种学制的唯一一位校长。许刚校长独具慧眼，洞察办学经费维艰，乃不惮辛劳，与总务会计刘郁齐远涉东南亚，走访乡亲名贤，劝募巨额资金。决留部分所得，于诗巫购置恒产，委诸当地校董经营管理；将剩余部分携回，建筑下文泉新校舍，改善教学、生活环境，学校面貌因而焕然一新。

刘家洙（1878—1954），字杏津，号慕宝，闽清四都前山洋人。1926 年夏，许刚校长携刘郁齐赴诗巫劝募基金，刘家洙带头解囊捐款 5000 叻币（占捐款总额三分之一），并陪同许校长奔走各地，号召各阶层侨胞为桑梓办学踊跃认捐，提供衣食住行等方便，所捐款目除汇回国内建造下

许刚图书馆

文泉校舍外，剩余部分用于购置橡胶园 137 英亩。刘家洙于 1927 年 2 月任闽清县立中学诗巫董事部首任董事长，负责保管经营文泉中学在砂捞越诗巫之校产。①

刘训瑺时任文泉中学董事，曾讲学该校 30 多年，同时他也是文泉书院的学生。对于文泉书院历史文化，他应该感受很深。他在《文泉书院纪略》中写道："学艺注云：学艺，学道艺也。而乡大夫之职，亦分其责于乡吏，使教其所治，以考其德行，察其道艺。书院之设，其昉此乎？"书院自不同于府县学，诸生"相与读书穷理，勉为有用之才，非第讲求文字已也"。当年，他勉励从教者应该认真负责，以成就后进为己任："知创始之难，乃知守成之不易。是在操教育之责者，无苟且，无废坠，有以善其后焉。"

刘训瑺（1869—1950），字玉轩，闽清六都玉阪村人。未弱冠，应

① 文泉校友会主办：《文泉》2012 年第 6 期，第 26 页。

文泉书院秋考，题为《袁盎请杀晁错以谢七国论》，李骏斌山长评取超等第一名，迩遐传诵。旋补博士弟子员，不久获明经之选。尝讲学授徒，一时庠序中秀出者，多出其门下。民国成立后无意仕进，退归田里，以育才自任，曾兼任闽清县劝学所长等职，著有《抒怀吟草》《抒怀续草》《玳琅书楼文钞》等诗文集，纂修《闽清县志》。

“第一关怀惟教育，平生不作等闲看。”用这句话形容刘训瑺对教育事业的热心再适合不过了。他辛勤耕耘，“毕生为之尽瘁而不息者，最为突出”，且内心有高度社会责任感。其学生黄培煌曾评价云：“为国树人，久设马公之帐；感时溅泪，频赓杜老之篇。”“传经讲学，早扬稷下之风；问难质疑，屡立程门之雪。”

在此须对书院董事作一说明。董事是书院职事之一，亦称董理，负管理、督办之责。清代各地书院多设此职，“其人选强调公正勤谨之外，还有要求家资殷实以防贪占院产者”。其责因时因地不尽相同。同治十三年（1874）徐寿所订上海《格致书院章程》载：“经理书院各务，公举董事八人。首先一二年邀同捐银之两人合办，并于董事中选出精晓艺术者四人，

刘玉轩像

《刘玉轩诗文选》书影

以为院师。”清刘光蕡《烟霞草堂文集·味经（书院）创设时务斋章程》载：院长、监院之下，设董事“经理账项，支发膏火”。光绪《浏东洞溪书院志》卷上亦载有董事张镜硂、周韫川倡捐复院之事，以其所管事务等不同，董事又分董正、董副、监院、营造、催收、支发等名目，其人选亦有规定，如咸丰《定州志·奎文书院新议经理章程》载：“书院众董事，无论在城在乡，公举妥人，禀官酌定。以后如有事故不能经理，亦公同议人，禀官代换。不许无故自辞，亦不许私相换替，暂代者不拘。”通过这些资料即可对书院董事一职有所了解。浙江鄞县光绪《贸山书院志·条规》规定，书院设司事一人“专司出入账目”，设董事十二人，分四班，四季轮值，“凡庄当存款生息，核对所立循环簿，膏火花红动用出入银钱，修造屋宇什器，均责成稽察查看”。所有董事，以其所负责任大小、所管事务性质的区别，又分“董正”“董副”“总董”“监院董事”“营造董事”“支发董事”“催收董事”等。[①]

刘氏中以理学著称者亦多。《闽清玉阪刘氏族谱》载：“彝从胡瑗学，讳康夫从周希孟学，讳藻从罗从彦学，讳嘉誉从李侗学，讳世南从林少颖学，讳砥与砺从朱晦庵学，及砥公之子讳子玠从黄榦学，真儒也。”在清代以前，学界讲究这样的传承。在刘训瑺身上体现了先贤德行，也展现出古代书院山长的济世情怀。其笔下咏史诗作，体现了爱国主义思想。如《读陆放翁诗》：“平生爱读剑南诗，耿耿孤忠想见之。未复中原心不死，允称中国好男儿。”如《谒樵川李纲祠》：“吁嗟南渡后，国势殊仓皇。大星殒天上，谁欤救危亡？赫赫青史在，至今垂耿光。我来樵川上，北风何悲凉。”

学校教学者是学生最直接的榜样，在长期相处过程中，他们的一言

① 兰军、邓洪波：《教学相长——书院教育概要》，海天出版社2021年版，第96页。

一行给学生带来潜移默化的影响。儒家学问讲求“养志”，提倡儒者应当涵养高尚心志，及不断培养顽强刚毅之志。《孟子》云：“夫志，气之帅也；气，体之充也，夫志至焉，气次焉，故曰：持其志，无暴其气。”而在每个时代，养志又体现出不同文化内涵。清末，士人保存“民族志气”尤为重要。1983 年 12 月，其门人黄培煌于文泉中学语文教研室作《刘玉轩诗文选》序时这样写道：刘氏爱国之心常付诸实践，且常发为诗篇。其作品能够激发青年以先烈为表率，这是当时不可多得的“历史教材”。

刘玉轩的书院教课经历已见前述，他也有课馆经验。《刘玉轩诗文选》中亦有载：“丁亥年，予兄绩廷馆于池浦，因事回家，命予代理馆课。日长无事，聊成数绝。”《池埔书馆偶成》组诗写道：

一

数椽茅舍乐幽居，不是看山便读书。
自喜清闲无别事，堆盘敢谓食无鱼。

二

朦胧曙色半窗明，一枕秋风客梦惊。
苦抱寒衾犹不起，无言悄听读书声。

三

滥居绛帐是陈人，懒读贪眠笑此身。
代斫不知伤手否，自惭未解指迷津。

四

依旧疏狂似昔时，得闲仍不废吟诗。
苦吟自笑鸢肩瘦，行遍空廊得句迟。

刘玉轩喜作诗词，“得闲仍不废吟诗”即其最真实表达。从这组诗中，可见他闲居闽清时的愉悦，所谓“自喜清闲无别事”，同时也可看出他教导晚辈的乐育之心。

刘玉轩讲学文泉中学30多年，对学校极有感情。黄培煌在《刘玉轩诗文选》序中，曾总结刘训瑺书院教学生活："风晨雨夕，课读弥严；春试秋查，考核必紧。"他至老仍心系学校，关心学子的前途与命运，所作《自筑生圹记》中写道："对面校舍巍巍，可以望见。尤喜莘莘学子，蔚为国华。假令以后魂魄有知，平日栖息游观之地，仍得时时往来。余心之怡悦，更不知如何也！"他笔下的《文泉书院纪略》，记录了书院经费情况、建立及募集资金过程、历任书院主讲、书院教学等内容，文章笔法虽"点到为止"，但却是研究文泉书院的珍贵史料。

（四）书院的保护修缮与精神传承

1988年9月，闽清县第二中学（文泉中学）编有《文泉中学校史（1783—1988）》一书。书中对书院建筑及周边风景是这样描述的：

> 黉舍系泥墙木架抽檐圆瓦古典建筑。右侧有座依山兀立的三层塔楼，名"文昌宫"，又叫"魁星楼"（魁星是奎星的俗称）。凭栏远眺，演溪潺湲北去，辽阔的六都洋秀色尽收眼底。书院一面傍山，三面林木葱郁，数处古松参天，形如鹤立鸡群。林下有条石砌小径，蜿蜒穿林而上，直达书院。这小径便是书院与外间村落的唯一通路。一路上涧水淙淙，林鸟啁啾。

如今，书院周围环境微异，但大体如是。新修复后的书院分前、中、后三座。中座建筑坐南朝北，土木结构，东西宽10米，南北深16.5米，平面呈长方形。从北至南依次为门墙、天井、主座。门墙作猫弓式，入门开在门墙之左，门额墨书"崇文学堂"。墙内中为天井，左右各三间，天井后为正座，面阔三间，进深四柱，穿斗木构减柱造，燕尾正脊，左右侧为马鞍式封火山墙。后座“魁星楼”系三层木构，每层设楼廊。第三层中部为厅，面阔三间，进深三柱，悬山屋顶四面倒水，正脊中部龙饰灰塑作回首状，两侧耳房六扇夯土隔墙五开间。前座仅余门墙、内天井及局部披榭，坐西南朝东北，土木结构，门墙正中券顶石框大门，“文泉书院”青石横额尚存。这些建筑都是2019年左右修缮的，据知情人介绍，今书院只有地基为古建遗存。

另外值得一提的是文泉书院的古树。

文泉书院中有苦楝、白玉兰、丹桂、香樟4株古树，前3棵树龄逾百年，香樟树龄400年。苦楝树位于书院前座门前，文泉前辈种植此树有一番寓意：苦楝谐音“苦练”，意在鼓励莘莘学子勤学苦读。白玉兰树在崇文学堂的红色围墙内，树龄120多年，是县内已知年岁最大的外来树种，只身登入林业“古树名木名册”。据说该树是当年倾囊捐助文泉的某位华侨从南洋带回国内种植的。丹桂在书院后座“魁星楼”院里，以寄望学子“蟾宫折桂”，古树已枯死，今树系新植。香樟位于书院门前操场，它见证了书院的创立与发展，存留着历代文泉书院人的记忆。近年来，闽清二中利用原书院中已干枯的樟树，请工艺大师雕刻孔子、文昌、魁星等雕像，以使这份历史记忆永久保存，使全校师生怀想文泉书院文

苦楝树

文泉中学航拍照

化与精神。

孔子雕像

各地书院古建大多不存，这种现象也可以说是历史发展的必然。今人在原址上复建书院，这恰恰表明了闽清人对文教高度重视，体现了对文物保护事业的高度自觉性，且这种意识是与日俱增的。2011 年春，闽清县文泉校友会成立。2014 年，闽清县文泉校友会启动了成立“文泉文化研究会”的申请程序，组成文泉文化研究会成立筹备小组，2015 年，闽清县民政局审批通过。随后，研究会成员为挖掘文泉书院历史、宣传书院文化作出许多努力，取得一定成果。今天，文泉书院故事仍在述说，书院历史文化也在不断研究中。

第四章 ▸

书院拾零

一、鹿坂书院

清乾隆年间，六都坂中刘氏家族公建鹿坂书院，聘请名儒主讲书院，址在玉阪（坂）村一带。

（一）刘氏八贤

福州名儒刘砥、刘砺亦与六都坂中刘氏家族有渊源。玉阪刘氏族谱编辑部所编《玉阪刘氏族谱》一书收录明翰林院内阁大学士叶向高《题八贤传序》，文中赞述刘氏一族文化名人，他认为刘氏家族群体成就为古之罕见："今夫真儒之生不偶，或间世一出，或千里一人，曾有并萃于一门者哉？即胡、周、罗、林、李、朱、黄诸先生为道学宗，亦未闻有并萃一门如刘氏者。刘之先科甲蝉联，皆以德望勋猷著，至以理学称者有八焉。"

这里的"理学八贤"指：

刘彝（1017—1086），字执中，号友处，北宋著名水利专家，曾从胡瑗学。平日以行义著称乡里。庆历六年（1046）进士。历任朐山令、桂州知州等职，政绩显明。著有《水经》《洪范解》《明善集》《居阳集》《七经中义》等书，并注《礼记大全》。

刘康夫（1034—1088），字公南，号恭处，曾从"海滨四先生"之一的周希孟学；以布衣讲于府学，从学者数千。元祐三年（1088）进士。神宗熙宁中曾进《志述》27篇，"其文皆根柢仁义"。后擢翰林院侍讲，著有《毫庵集》《儒林传》《经训杂文》等行世。

刘藻（1096—1154），字昭信，号中虚，"弱冠游郡庠，穷探博取，

闽清玉坂刘氏宗祠

闽清刘氏忠贤祠

议论精深”，曾从罗从彦学。宣和五年（1123）解元，绍兴五年（1135）进士。累迁至左宣教郎尚书、礼部员外兼皇子宫教授，著《礼书》《易解》等书。

刘嘉誉（生卒年未详），字德称。曾从李侗学。历官乐昌尉等职，有政声。时秦桧用事，其怃然曰：“君子见几而作，吾安忍久居下僚？”遂弃官而归。平生介节自持，潜心修德，蹈义秉礼，为世敬仰。

刘世南（生卒年未详），字景虞，曾从林之奇学，与吕东莱友善。绍兴朝乡举进士，后拜谒朱熹。官至吉州司理参事，居官能敦教化、厚风俗，以自身表率。

刘砥（1154—1199），字履之，号存庵，曾从朱熹学，朱子嘉其笃志。乾道二年（1166）进士。以时方禁“伪学”，无意仕进，于是愈发受朱熹器重。著《王朝礼》，注解《论语》《孟子》等书。

刘砺（1157—1204），字用之，号在轩，与兄刘砥曾从朱熹游，与黄榦、蔡元定等友善。朱子《答陈才卿书》写道：“《礼书》得直卿、用之，渐可整顿。”著有《礼经注解》《诗经衍义》行世。

刘子玠（生卒年未详），字君锡，号立齐，曾从黄榦学，“尝汇列先贤矩范，参之己意，教诫子侄。辟丰城书室，藏父书万卷，玩适其中。”著《孝经衍义》《丰城集》等书。

这八位历史名人皆为当世真儒，叶向高评说：“其间或以正学启沃，或以说论敷陈，或以忠勤效职，或以清操善身，行不一，而学则一，故不可谓之非真儒也。而兢兢焉为注疏、为赞修、为著述，莫不本于格致诚正，有以阐圣真而翼道统，则其继往开来之功，顾不伟欤！”

这样的家族背景与理学氛围，是刘氏家族公建鹿坂书院的主要原因之一。

刘氏一门理学成就可谓典型，故前贤刘镛有《跋八贤传后》一文，再次论述刘氏家族成就及门风影响，赞扬其绍述正学、匡济利物之功："人之有盛德大业，天下万世靡不钦之仰之；人之有学术文章，天下万世靡不颂之述之，况为其后裔哉？今夫豪杰之士，即无世德可述，犹将奋勉以亢大厥宗，乃有祖宗足法，不克振拔。"

今书院已不存，而比"八贤"更普遍的说法是"五忠八贤"。今刘氏忠贤祠建筑颇为壮观，构件精致，正厅堂为五忠八贤木雕塑像。"五忠"指刘韐（1067—1127）、刘颌（生于宋绍兴年间）、刘子羽（1096—1146）、刘珙（1211—1178）、刘纯（生于南宋年间）。以上人物事迹不再展开，忠贤祠门联正可总结其成就："忠贞殉国垂青史；贤哲扶民献赤心。"

（二）绍继前人事业

坂东地区刘氏家族历来崇文重教，自元代迄今，族人皆积极办学，或乐于公益事业。他们利用祖厝及各大厝开办私塾以教育后辈，如坂中村"四乐轩"开基祖刘贻豪后代在开办私塾时购置耕地作为"书灯田"，以所收田租供给本门子弟读书及考取功名之资。这种思想、举措在家族群体中蔚然成风，所以玉阪早年读书人很多。据刘氏族谱等书记载，家族中人经常把父辈留存下的书籍保藏，及开卷书时亦专心致志，且有作札记的习惯。

因重视教育，所以开办私塾、书院聘请良师教导子弟亦在情理之中，这样的传统，在刘氏家族中世代沿袭。同时对于刘氏家族而言，这种优良的门风与重教传统也使家族在闽清地区获得显赫地位。据有关资料记载，坂东玉阪刘氏支系仅四乐轩一厝就出了不少人才。清代厝内有秀才 46 人、举人 4 人（其中解元 1 名）、副举人 4 人，拔贡、岁贡等贡生 21 人。这之中有许多人曾任过教谕、训导、知县、州判、知事等职。除了科举成就，在文化上这一系刘氏族人亦有建树，如刘沛然著《宋易》，刘士杰著《四书说贯》（20卷）、《礼记备要》（4卷）；刘懿芝著《敬业堂文集》《明溪随笔》《二程语录注释》；刘祖宪著《橡茧图说》（2卷）、《论语纪闻》（8卷）、《三礼纂要》（12卷），纂修《安平县志》（5卷）；刘成章著《笺注左国》（4卷）；刘景芬著《北行游草》；刘树业著《贻书堂吟稿》；刘训嘉著《梅杏奇缘》《效颦志异》《渔唱棹歌》；刘玉轩著《抒怀吟草》《抒怀续草》《抒怀三草》《沦溟诗笔》《玳琅书楼文钞》等书，纂修《闽清县志》；刘蔼生发行蔼生字体《真行草十七帖》《养晦堂南唐残字帖》等。而在为官政绩方面，刘氏后裔仕宦群体中为官各地，他们多能为当地各方面建设做出贡献，从而影响一方士人。

而另一方面，地区或家族经济发展也是科举与文化发展的前提条件之一，且这点是基础。早在先秦时期，这样的观念与思想即已确定。《论语》载："子适卫，冉有仆。子曰：'庶矣哉！'冉有曰：'既庶矣。又何加焉？'曰：'富之。'曰：'既富矣，又何加焉？'曰：'教之。'"[①]刘氏家族创办鹿坂书院的历史，反映了这种"富而教之"的思想及发展策略：便利的交通条件使坂东地区经济得以发展，而雄厚的资本正是刘氏族人创办书院的有力保障。

据刘氏族谱载，玉阪刘氏创基之始在明太祖洪武二年（1369），肇基始祖为刘维济。当时玉阪水患频仍，且"时当元季兵燹之际，田园庐居荡然无存"，刘维济"少负经济才"，经艰苦开拓、勤勉垦殖，终使这片区域成为"文物声名第一流"的富庶之乡。闽清古时交通不便，"历史上陆路交通主要靠乡间便道，运输多为人力挑运与肩抬。"[②]但古时村落的货物运输也多赖水路。坂东地区刘氏族人最集中的坂中、坂东、坂西

① 程树德撰，程俊英、蒋见元点校：《论语集释》卷二十六，中华书局2012年版，第905页。
② 闽清县地方志编纂委员会编：《闽清县志》卷十一，群众出版社1993年版，第307页。

及鹿角四村皆紧靠演溪，水路交通发达。于是他们利用临溪优势，积极发展水上运输业，经过长期经营，族人富甲一方。演溪是六都人的生命线。坂中村坐落在演溪东岸，得地利之便，素有“小小闽清县，大大六都洋”之称。此地为六都地区商业发源地之一，“坂中街”曾经闻名闽清全县。但在 20 世纪 50 年代中期后，随着交通线路转变，遂逐渐萧条。有记载说在清光绪十六年（1890），邑绅刘语铭、刘训瑶、刘训瑞、刘知喜等集资数千元创办“广和春织布局”，并招收女工 200 余人，以生产、销售粗纱白色土布，也是其家族财力发达的一条佐证。

在家族中兴办私塾、书院、学堂是巩固家族地位的一种做法，但它客观上确实助力了乡村教育及文化事业发展。

鹿坂书院为乡村书院，起初族人中的有识之士在这里建立书院，也带着可以让其邻近乡民子弟就近入学的心理。同姓之人聚族而居是中国乡村的普遍情况，所以乡村书院皆普遍具备地缘性与血缘性特点。从明代开

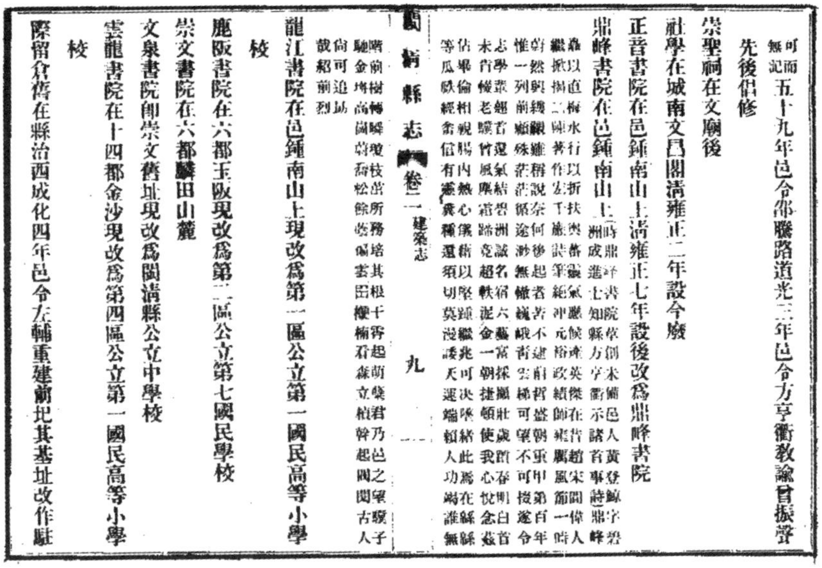

可而無記 五十九年邑令鄧聯路道光三年邑令方亨衢教諭曾振聲

先後倡修

崇聖祠在文廟後

社學在城南文昌閣清雍正二年設今廢

正音書院在邑鍾南山上清雍正七年設後改為鼎峰書院

鼎峰書院在邑鍾南山上 [illegible]

閩清縣志 卷一 建築志 九

龍江書院在邑鍾南山上現改為第一區公立第一國民高等小學校

鹿阪書院在六都玉阪現改為第二區公立第七國民學校

崇文書院在六都麟田山麓

文泉書院即崇文舊址現改為閩清縣公立中學校

雲龍書院在十四都金沙現改為第四區公立第一國民高等小學校

際留倉舊在縣治西成化四年邑令左輔重建前圯其基址改作駐

民国《闽清县志·建筑志》中关于书院的记载

始，中国书院地理分布有从中心城镇下移乡村倾向，在清代书院普及过程中，乡村书院在各级书院中更是占据了很高的比例，构成历代书院总量的大多数。虽然一般乡村书院教学与教育程度相对不高，属于“初级教育”阶段，但实际上这种“最初的教育”是极其重要的，这一点早已成为共识。这些书院对乡村有着重要意义，正如邓洪波所说的那样，它们“承担了中国古代社会普及教育的主要任务，成为将儒家文化知识和观念源源输向广大农村的主要渠道。除了教学之外，还兼为家族与乡村社会文化活动的中心，不独为发展教育之体，亦为醇正风俗之原”[①]。

清代，闽清经济发展，商贸繁盛，当地豪门望族开始营建较有规模的房屋，如四乐轩（始建于1754年）、宏琳厝（始建于1795年）等。随着经济发展，当地群众的文化需求也日益高涨。现存第一部《闽清县志》即在乾隆七年（1742）由知县姚循义总辑而成。同时，也由于经济发展，从而使社会更加安定，闽清人口也出现大量增长，民国《闽清县志·户口志》载：“户口之盈耗，关乎国家之盛衰。大乱之后，民生凋敝，则户口少。承平之世，生齿渐繁，则户口多。闽清明以前户口尚稀，逮有清中叶以后，国家休养生息，人口日见蕃滋，几有人满之忧。”此时建立书院，恰可满足闽清人的教育需要，也能淳化一地风气，其作用是不言而喻的。

（三）浅论书院环境

鹿坂书院教学活动史籍阙如，但仍能通过一些零星资料记载，探讨鹿坂书院环境文化。

书院建筑布局与构件细节体现了传统儒家思想，形成了书院建筑独特景观。古代书院择址多在形胜之区，这表明了古人重视自然环境对读

① （清）曹维精、胡林翼、周瑞松等辑著，邓洪波、兰军等点校：《清代湖南乡村书院志》，人民出版社2022年版，第10页。

书人的熏陶作用。汉代精舍是书院的前身之一，两汉战乱时期，许多学者隐居山野讲学；唐代，一些书院、读书处借鉴禅林制度，参考佛家讲求心灵修习、力倡清净潜修的修行方式，于是学人也携书山林，开启了聚众讲学的书院模式；两宋时期史上著名书院所在地多为风景清逸之地；到明清时书院择址也依然倾向于“半依城市半邻原”的原则。书院的选址，表现了创建书院者“乐山乐水”的心理。因为良好的自然环境有助于读书，有利于陶冶情操，也符合儒家“天人合一”的理念追求，即通过自然环境来促进自我修身，最终达到人与大自然和谐、人与人之间和谐、人自身内心和谐的效果。

所以无论是背山面水，还是傍山依水都体现了古代士人对读书环境的追求。后来访院者留下诗文赞颂书院环境、景观，表达了他们当时的一种心境，也为那所书院留下了珍贵的文献资料。

鹿坂书院前临演溪，后近象山，左倚台峰，右挹柯岫，风景绝佳。

一所有规模的书院在布局方法、建筑形制及装饰格调等方面均有所讲究，也正由于这样的原因，使书院区别于其他建筑，呈现出其特有的形象与风格。鹿坂书院曾建三层楼阁，以供远眺。清代林宗懋曾设馆其中，他朝夕眺望，作有八景诗，其《阁上书声》生动诠释了清幽的环境对读书、治学的重要性。诗云：

天禄郁岩峣，书生破寂寥。
郎吟回斗宿，高唱入云霄。
孰鼓湘灵瑟，谁吹萧史箫，
余音频绕阁，应有杖藜招。

鹿坂书院的选址与空间营造，也可从林宗懋诗中窥见，这些诗句，就是鹿坂书院山水图，今将其余七首诗俱录如下：

东皋月出

四山涵彩色，月自阁东生。
窈窕欣先得，徘徊玩独明。
浮光千里彻，静影一轮莹。
试咏梁皇赋，临风倍寄情。

南浦云飞

何物称灵怪，山川出白衣。
英英溪上起，漫漫月边飞。
苍狗穿华栋，奇峰接翠微。
莫言肤寸合，能作雨霏霏。

寒山远火

远岫环书阁，闲观火出岑。
烟光冲碧汉，霞彩吐青林。
寒极还生热，山高已伏阴。
自明还自灭，消息入人心。

浅濑轻舟

飘飘驾一苇，倏忽过楼西。
驰马逸千里，飞凫逐五溪。
无烦施鹢首，不暇听猿啼。
欲拟莲舟渡，真人太乙齐。

露苗布野

一望平原里，秧针插满町。
傍山皆吐绿，近水亦涵青。

渐看苗而秀，遥知硕既庭。
昨宵甘雨降，击鼓赛神灵。

霜叶铺林

闻道枫林晚，经霜叶似花。
山情宜素月，秋色看明霞。
带雨流丹濑，随风入绛纱。
寂寥堪一慰，过客漫停车。

溪边碓影

天工堪借用，米碓峙乡村。
水运一轮转，风传千杵喧。
制仍遵断掘，术已妙羲轩。
虽属机心事，还开方便门。

书院选址重视自然环境，但同时也通过人工营造，使一些建筑与自然风光巧妙融合。多数书院都善于借景，以打造书院整体环境空间，所谓："自种双松费几钱，顿令院落似秋天。"①

中国古代造园专著《园冶》中也指出："夫借景，林园之最要者也，如远借，邻借，仰借，俯借，应时而借。"② 书院营造景观亦本此原则。许多书院占地面积有限，但创建者多善于利用这样的装饰手段，使书院景观更为"耐读"。如鹿坂书院"远岫环书阁，闲观火出岑。烟光冲碧汉，霞彩吐青林""四山涵彩色，月自阁东生"，这种"寒山远火""东皋月出"

① 福建省炎黄文化研究会编，郑宣陶、杨加清编注：《古代书院诗词选》，福建人民出版社2021年版，第37页。

② （明）计成撰：《园冶》卷三，倪泰译注，重庆出版社2019年版，第241页。

的景观就是“借景”。书院周围的环境是书院环境整体不可或缺的部分，故许多书院将周边景观分为十景、十二景，其原因便是如此——虽由人作，但却宛若天开。这样的营建理念使书院有限的空间得以无限拓展，也使书院意境更为深沉。

林宗懋曾设馆鹿坂书院，他的诗为解读鹿坂书院环境提供了便利，然而有关他的书院教学事迹却留下空白。道光《晋江县志·职官志》“教授”条载：“林宗懋，福清举人，二十五年任。”① 乾隆《福州府志·选举八》载：“林宗懋，字长西，西溪教谕。”② 不知是否为同一人，录此备考。以下再说书院周围交通环境。

书院附近曾有玉坂古道，俗称“官路”。玉坂古道计两条：一是朝东南方向的鹫峰岭路，沿途经车乾、下杭、高厝前、西华亭、鹫峰岭、月爿池、云龙、潭口、县城、渡口，经闽侯往福州；二是朝西北方向的梭罗岭路，沿途经玉演境、朱厝宫、梭罗岭、庵下亭、白云渡、潭口、县城、渡口，经闽侯往福州。而乡与乡、村与村之间往来，则走纵横乡间村路。从这里即可联想古代学子求学之路。有诗云：

玉阪双桥巧比连，妇人童叟步安然。
崎岖山路筑无阻，浅水狭滩有杵船。

查当地刘氏族谱，偶见刘训敷《留别玉阪父老长歌五十六韵》诗，从其中某些诗句亦能窥见当时交通一斑：

① （清）胡之鋘、周学曾等纂修：《晋江县志》卷二十八，中共晋江市委党史和地方志研究室整理，福建人民出版社 2020 年版，第 619 页。

② （清）徐景熹主修：《福州府志》卷之四十三，福州地方志编纂委员会整理，海风出版社 2001 年版，第 718 页。

一苇入梅溪，桑梓乃在兹。

众山何崔岸，一水绝沦漪。

在书院择址中，一方面倾向于幽静的环境，但也有着“名人踪迹导向”，历史名人学术精神与人格魅力在无形中感召学子，所以后世追寻他们的踪迹，从而在某地兴建书院。再者即以路途方便为主，随时代发展，明清书院也多建立在交通要道上，这样的位置便于人员往来及学术交流。鹿坂书院的择址也缘于这一因素。

（四）书院历史沿革

《玉阪刘氏族谱》等书中相关信息记录了这座书院的历史沿革：

清乾隆五十年（1785），由坂中村刘氏族人鸠资兴建奎光阁，址在玉阪湖边。该建筑在当时也俗称文昌阁或八角楼，延僧主持香火，后族人利用该楼兴办鹿坂书院，并延聘名师主讲其中，开始了书院教育。其间，很长一段历史不见记载。到1916年时，鹿阪书院改为第二区第七国民学校，创办人刘训谦、刘训瑞、刘训衡、刘训伊、刘保恭等。1926年，又改名为玉阪小学，刘训诚、刘保修、刘保舒先后任校长。1938年，因日寇入侵停办，学生合并至溪东小学。1959年，建筑被拆毁。

最后再说书院之名。

关于鹿坂书院因何命名没有记载，今据相关资料推测，以补史之阙。

六都洋多为沼泽水乡，闽清古人对湖之印象深刻，于是便以湖之位置取地名，如湖之上头名“湖头”；湖之东名“湖东”；湖之边名“湖边”；湖之尾名“湖尾”。后湖泊干涸，芦苇丛生，有人就将其中最大的一个坂命名为芦坂。玉阪刘氏支系始祖刘维济见此名不雅，遂改为“鹿坂”，其后又觉名不副实，遂更名为“玉阪”。书院取名经过已无从考证，但笔者推测院名作“鹿坂”而不作“玉阪”的原因是：建立鹿坂书院暗藏着刘氏族人的群体寄托。鹿，寓意“禄”，取名鹿坂，则是希望族中子弟在书院学习后，能够顺利通过科举考试，从而在仕途上取得成就。闽清有虎公桥柱联云：“龙津春暖观龙变；鹿坂秋深听鹿鸣。”《鹿鸣》是《诗经·小雅》首篇，诗风典雅。后来这首诗成为贵族宴会或举行乡饮酒礼、燕礼乐歌。曹操曾引用此诗写入《短歌行》中，以表达求贤若渴之心，有句云：“呦呦鹿鸣，食野之苹。我有嘉宾，鼓瑟吹笙。明明如月，何时可掇？忧从中来，不可断绝。”唐制乡贡试毕，长吏以乡饮酒礼会属僚，歌《诗·小雅·鹿鸣》以宴之，称为“鹿鸣宴”。明清沿此，于乡试放榜次日设宴。[1]可见此诗影响之深远，亦见“鹿鸣”之含义。

且附此待考。

鹿坂书院培养了闽清当地许多有识之士，六都演溪两岸先儒和有识之士多出于此。因时隔久远，书院学生已多不可考。而鹿坂书院有一诗云：

精工华阁矗村头，孔圣文昌祀何求。
自古家乡崇教育，贤才多少出斯楼。

它表明后人对书院教学的肯定，也描摹了六都坂中文教的一个侧面。

① 夏征农主编：《大辞海·中国古代史卷》，上海辞书出版社2008年版，第455页。

二、文笔书院

文笔书院，在十一都登瀛山麓，清道光二十九年（1849）建。该书院亦有教学活动。文笔书院碑记载："有举莫废，予以永承祀，俾肄业其中者，咸知鼓舞奋兴，而文风蒸蒸日上也。"闽清十一都有十余村，其文教所及，应覆盖井后、池园、竹溪、横路洋、中峰、石亭里、东山、溪坪、潘亭洋、下山寮、尾黄、六垢、殊坑里、坑头、弓竹湾、山头寨、竹仔同、宝山等村落。

论文笔书院历史，鄢韶成不可不提。

鄢韶成（1827—1896），字绥体，号仪庭，闽清人，原籍永泰。孝行显著，其母病，七十日皆不脱衣而寝；一年时值岁饥，捐俸倡立"平粜会"，以救济贫民，数举在乡中传为美谈。年十九补弟子员，咸丰年间中举，曾在泉州府、大田、诏安等地任教职，以振兴教育为务。其所作如《木绵庵怀古》《谒赵公祠诗》《褒贞劝学》《戒溺女》《戒斗》等，"皆以抒扶翼世教之恩"。年六十，例可过班知县，人劝其北上，卒辞不就。越四年，归休林下，年七十卒，自挽曰："叨先泽忝列贤书，设教廿年，司训十年，究竟功德俱虚，只算个迂腐儒生，徒兹食粟；勖尔曹无多遗嘱，苦读一好，勤耕二好，若论创垂可继，总在能敦崇庸行，代有传薪。"[①] 所著有《公余姑留草》等书。鄢韶成曾任诏安丹诏书院掌教，"沾教泽而擢巍科者，

① 刘训瑺纂修：《闽清县志·文苑传》。

無過江南之復社每舉一會自本省以至鄰省莫不輻輳而至非一時名人傑士莫敢預焉以故功名出其中道德亦出其中非徒修結納之歡已也近時讀書之鄉每因崇祀帝君而立社蓋我閩家文教之盛數久矣余前此讀書於文昌祠垂三十年既晨夕瞻仰乎帝君惟恐一言一行負疚於神明又嘗以此意警勵學侶其成名以去者殆指不勝屈矣今年乞假旋里復綱故業而吳生裕鋒興南等六人與吾見同學見其日就月將又循循於禮法竊器重之一日以五峰之鼎社之序請大鼎之爲義前人已詳之矣文何侯余言之無已試與言社義古者天子立社曰王社諸侯曰侯社大夫不得專立社與民族居百家以上者則共立一社所謂里社是也其神祀勾龍其日用甲詩存祈歌穀麥秋報象良耜重后士之祭也漢時有枌榆卯里社民間祈報之所其日用戌外此有恩其功而立社者舉公社是也有結濟之緣者蓬社是也而皆非吾道之所謂社也然則吾道之社奈何曰修禮以耕之陣義以稷之講學以鑄之上爲者可望乎豐年即次爲亦無慮乎惡歲也是故春丁祀帝君秋丁祀奎星九月望祀宋子斯三者皆有功於吾道與豆各之倫亦寓祈報之思乎若夫方外之遊則非所暇及矣吾鄉帝君之社曰文光社遵帝君之訓也我眾覬以帝君爲依歸則一十七化之書鑑不多見而燦然文一篇絕乎口所共識也識能事事無香乎聖訓將見文章有權除奮尤有權億日所成就者正未可識豈僅爲科第之階梯云爾哉必如此乃不負虔事帝君之心與夫帝君所以垂訓之意昭此社眞足鼎時千古矣

文筆書院在十一都登瀛山麓清道光二十九年建（清舉人邵韶碑記文筆社之成祀文昌魁星二神始紙龕奉人家鏗蕊俗閣道光己酉歲茂才汪君祀此黃君芑棠倡議起尊祠擇於今所建係前栗楂穀寺廢址旁爲騰扣侵舉著佑工値相讓或御淮作廼捐衆皆踴躍山是汪君端禮李君思煥黃君宗恬黃君宗久許君玉衛黃君衡鄉汪君鳳齋許君爲康等各捐銀若干以資經始鳩吏募捐遠近共得錢七百八十八緡用克上木並畢築周垣豎門揭額題文筆書院中建正座夾龕六楹次及下座書院回廊其上座中奉一亭以妥觀吝伽舊女帝諸神存其舊也又於中座後壁右成坪羅植花木繞外跨溝架屋分設齋息但時方革創規模雖具究嫌尚隘自咸豐丁巳至同治壬戌余假館於茲議添建左右六間鐘鼓樓二所面以餘力鋪蓋甃瓦免致飄搖時則除舊蓋外庭得汪君酉山黃君瑜新二茂才勸募樓井社內壽余得錢一百八十五緡而督理工料者上舍江君恒齋收集捐資者鄉錢君長進余亦以館其地與出入爲洎甲戌至光緒丁丑余又假館四年以上下座門牆樓坪多未及作紳座佛龕猶未遑飾豐增壁亦未塗堅粉丹乃復偕同人賦舊篇集得錢一百七十六緡然工費繁而爲力薄仍未

通觀厥成也最後館斯地者爲明經汪生錦裳任其姪藻臣貲生洲山悉力經營用獲蕆事適余自紹安學假歸偕遊其間見上下堂廡鋪石塡灰外內溝基濟深砌固又於上座橫樑帶買以覺欄可悉可坐下座內鑿外整一池沼有藻有鱗其餘朽者易之制者平之汚者潔之周觀表裏煥然一新祠其費需錢一百九十緡亦皆喜金捐欵以此見有爲之前有爲之後雖曰人事亦於昭鑒夫實式憑之獻於是汪生謂余曰此祠自己酉迄今約歷四十餘討當時始事諸君已知歲星碩果不有以記之久將莫知緣起曷以勤將來有舉莫獎於以永承祀俾肆業其中者咸知鼓舞奮興面文風蒸蒸日上也爰卽揚叙顛末付汪生命工勒石以垂諸綮至前後捐欵者金業有懸區題名可勿復贅

鍾英閣在七都坪街清道光間邑增生黃步霄募建

鄉約所在七都坪街清道光間邑歲貢林炳岡書鄉約所三字於門上

巖前宮在七都

石人像在十一都賓山

天然獨木橋在四都麟洞水口是橋乃老松一樹橫架隄上長四丈廣八尺天然構造非人工所能及也（清邑歲生許宗常詩小溪水淺小橋低獨木天然架曲隄白喜杖藜行得得夕陽隨我度橋西）

仙湖仙觀在一都院坪民國元年重建

雞髻仙觀在一都鐘石山勢尖削上有仙觀民國六年重修（清附生許祖錫詩素聞雞髻有翳仙此日登臨叩偕處遍仙重陽作節後好將黃菊到巖嶺一峰鄧揷碧雲間脩禊居然厭衆山纔目四圍無障礙惟看大際暮煙環峯前幹後景供姸到此居然別有天回首夕陽西嶺下好借童冠詠言旋淸增生許恩榮次韻梅溪十里一鑑仙逐隊登臨拜祝虔今日幽齋幸無事也攜斗酒醉巖巓附烏峯篠到此間果然第一是仙山風光滿目俱吟眺暮靄迤邐水遶環鷺人謝眺句鮮姸恨不攜來問彼天索盡枯腸山色好叹強倦鳥‥齊旋又許宗常次韻到此幾疑我亦仙焚香拜祝意誠虔忽然天

民国《闽清县志·名胜志》中关于文笔书院的记载

指不胜屈”。

鄢韶成“假馆”文笔书院时，曾作《文笔书院记》一篇，通过记文，可窥见书院影子。

文笔书院亦名“文笔社”。书院中祭祀文昌、魁星二神。起初，书院无专祠，“礼随俗简”。道光二十九年（1849），茂才汪鸿庄、黄芑堂等倡议建立专祠，并将地址选择在前代积谷寺废址上。同时又协调有关人等，收购近旁田地。汪端礼、李思焕、黄宗恬、黄宗久、许玉衡、黄弼卿、汪凤斋、许为康等皆踊跃捐资，“因更募捐，远近共得钱七百八十八缗。用克土木并举，筑周垣、竖门碣，额题‘文笔书院’”。

据载，书院中建筑为：“中建正座，夹墙六椼，次及下座、书院、回廊。其上座中盖一亭，以妥观音、伽蓝、玄帝诸神，存其旧也；又于中座后垒石成坪，杂植花木，墙外跨沟架屋，分设斋庖。”于是书院规模粗具。

咸丰七年（1857）至同治元年（1862），鄢韶成“假馆于兹”，议添建左右六间、钟鼓楼二所，时书院旧董及汪酉山、黄瑜轩等皆乐助募。同治十三年至光绪三年（1877），鄢韶成又假馆4年。他为书院建设付出心力，始终关注文笔书院。他觉察到书院“上下座门墙、楼坪多未及作，神座、佛龛犹未遑饰，甍檐墙壁亦未涂坚粉丹，乃复偕同人照旧筹集，得钱一百七十六缗”，以尽修缮事宜。在诏安任上，他也在“假归”期间，往游文笔书院。时“见上下堂庑铺石填灰，外内沟基浚深砌固，又于上座横廊一带，翼以凳栏，可凭可坐，下座内墙外甃一池，沼有藻有鳞，其余朽者易之，削者平之，污者洁之，周观表里，焕然一新”。

三、云龙书院

光绪年间，中国书院教育已接近尾声。传统书院由于积弊日深，如张之洞在《劝学篇》中指出："中国书院积习，误以为救济寒士之地，往往专为膏火奖赏而来。"葛其仁《书院议》中云："今之应书院课者，惟八比五言之是务，弃浅固陋，逐末忘本，甚至较膏奖之多寡，争名第之先后，叫嚣拍张，以长傲而损德，则书院反为诸生病矣，何教化之足云？"类似的言论不在少数，而另一方面，许多有识之士也在此时期力倡书院改革。但在这期间新建的书院中，有一些堪比一股新鲜的空气。如

云龙书院古碑

张之洞在光绪十三年（1887）创建广雅书院于广州，其特点是“院长之下设经学、史学、理学、文学四分校，分经、史、理学、经济四门课士”。光绪十六年，创建两湖书院，“设六分教，以经学、史学、理学、文学、算学、经济六门教学，没有山长，由提调官及监院掌理院务”。康有为于光绪十七年在广州长兴里建立书院，取“将倾之大厦，必须万木之扶持，而非一木所能胜任”之意，将之名为“万木草堂”，“集天下英才而教之，冀其学成，群策群力，以救中国”。

光绪年间（一说为光绪十八年），创建金沙云龙书院，位置在十四都金沙（今金沙镇光辉村）。书院系由邑绅林绍庚、张琼贻、黄乾升等人募建，此创举之初心除了回报家乡，更多地应该是有意在闽清地区重振文教之风。后张琼宴筹引资募款，建洋式校舍一座（一说为洋式教堂），聘请举人林自持为山长，学风一振，学生日多。另据《金沙中学111周年校庆纪念册》记载，书院山长还有黄久贻、黄家森，但其事迹皆不显，有待挖掘、整理。闽清十四都“东西广三十里，南北长二十五里，面积约三百七十余方里。全都约有三十余村”。[①]该区域应该受到其文教流风所及。

云龙书院旧貌

当时书院占地面积340平方米。建筑坐北朝南，由正座、厢廊构成，周以围墙。正座面阔三间，进深二柱，燕尾正

① 刘训瑺纂修：《闽清县志·城市志》。

云龙书院周围环境

脊双坡顶，穿斗式木构架，正座左右侧作封火墙，封火墙头及门墙内侧花墙均以彩绘装饰；正门洞为青石所构，正门上方阴刻横额匾“云龙书院”四字。如今，书院建筑已倒塌，仅余花岗岩横额镶于金沙学校校门处。

关于云龙书院的学生，著名者有张道赏。

张道赏，曾任世界福州十邑同乡会总会长。其子张晓卿获马来西亚“拿督”勋衔。他出生于金沙镇下林村普通农民家庭，少时曾在云龙书院就读，后以优异成绩考入天儒中学。1924 年，他南渡马来西亚，定居砂捞越诗巫，时年 19 岁。后凭借勤奋和声誉经商，创下巨业。他一生急公好义，乐善好施，热心公益，不仅在诗巫捐资兴学，还一直关心金沙教育事业，其助学兴教事迹深得海内外人士赞誉。如 1986 年，他捐资建成金沙中学教学楼一幢；1995 年又带领子女捐建金沙中学教师住宅楼、学生公寓、下林小学和下林幼稚园等楼房。

另据《闽清教育志》“金沙学区三太中心小学”条载：“金沙三太

洋村子弟，原就读于云龙书院。”据此可推知，金沙学校附近光辉村、广峰村、沃头村、圩面村、上演村等村中学子，亦曾就读于这所书院。

关于书院的起源，也可以从宋绍兴年间说起。

书院所在地的金沙镇与张圣君民间信仰有关。张圣，永阳（今福州永泰）人，“生而灵慧，修斋苦行”。这位历史名人又称张圣真君、张真君、张公圣君、法主公、都天大法主等，是集商神、农神、财神于一身的神祇，据不完全统计，该民间信仰在全球信众人数有1亿之多。他与金沙的关系非同一般，有关文献记载：“张圣君坐化于金沙溪九龙潭，是以张圣君祖殿建于金沙。”《福建通志》载：“仙人坐化石，《八闽通志》云在县西十四都演溪中，旧传张圣君卒于其石上，旁有潭最深，曰九龙潭。”《闽清县志·山川志》载：“金沙溪在十四都，亦名演溪”，并记“坐化石”

张圣真君祖殿

在十四都金沙龙潭以及乡人立庙于金沙等事。这件事始于宋绍兴年间，张圣君信仰逐渐在闽清地方发展起来，传明万历年间，闽清县令杨应晓也曾作碑记一篇，记录相关历史。在清代，它同样得到许多人的关注，里人何求《闽都别记》亦写到金沙堂历史沿革："宋绍兴二十九年建，明正统四年修，清康熙中重修，民国六年重加丹雘。瓦以铁铸成，庭前砌石不放水道，虽暴雨亦不溢，中祀张圣君……"廪贡林绍赓亦有《铁瓦》诗云："庙宇巍我代几更，双檐铁瓦水争倾。庭中自古都能纳，既不干兮复不盈。"又有《九龙潭》诗云："慰望云霓古到今，君其恩泽感人深。潭中喊得神龙起，顷刻升天遍作霖。"还有增生黄梦熊《红触角》诗云："迹显红鳅事不虚，再生还在既烹余。痴心愿借神仙术，活遍人间涸辙鱼。"

这些历史信息表明了张圣君信仰在闽清地区的普遍和延续性。张圣君信仰引发一些人员在金沙地区聚集，也促进了附近村落的形成与发展。随着人口增多，后人在此创办教育机构。只可惜关于这所书院的历史留下的太少。

如同许多书院一样，云龙书院也历经变革：光绪三十一年（1905），云龙书院改名为云龙高等小学堂；1915 年，改名为公立闽清县第四区第一高等小学校，学制 6 年，学生近百人；1934 年，建土木结构校舍 1 座，百人礼堂 1 间；1938 年，增建 4 间教室、2 间小会议室，并添置教学仪器，学校粗具规模；1940 年，改名金沙第一中心小学；1950 年，易名为金沙中心小学；1966 年，中学小学联办，易校名为闽清县金沙学校；1972 年，高中部并入白樟中学，易名为金沙初级中学；1976 年，增设高中部，称闽清县第七中学；1978 年，高中部再度撤销，复校名为闽清县金沙初级中学；2014 年，金沙中心小学和金沙初级中学再次合并，组成闽清县金沙学校。

金沙堂旁边即文昌阁。

文昌阁今景

闽清金沙学校一角

今金沙堂文昌阁《文昌阁与文昌帝君碑文》载："金沙堂原文昌阁，位于祖殿左侧毗连之地，建于清初，香火曾盛极一时，且以文会友，每年的二月初三日文昌帝君寿诞之期，举乡文人学士聚会一堂而祭祀，热闹非凡，不胜仰止。但解放前将它划给金沙中学，由于教育形势之发展，早被荒废弃用，处于风雨飘摇之中……"

第五章 ▸

黄乃裳与教会书院

一、教会书院漫谈

书院以行政级别划分，可分为省级书院、道级书院、府级书院、县级书院、乡村书院；以功能划分，可分为讲学型书院、祭祀型书院；以时代划分，则可以分为传统书院、教会书院、现代书院。学界把外国人兴办的学校称为教会书院，以此区别本土传统书院。它的出现可以说是西方文化在中国传播的延续。一方面它以书院为名，潜藏着“适宜性”目的，但也表现了西方人对中华文化的认同感。

教会书院是近代中国社会诞生并发展成规模的特殊书院，它有别于传统书院。一说教会书院以传播基督教为目的，是在中国培植信徒，在教育宗旨立定及课程设置方面，他们为了取得中国社会认同，故某些设计与中国传统书院相接近。但也应认识到教会学校是“中西文化交流的产品”。教会书院的建立，客观上使中西方文化得以进一步交流、沟通、交融。在传教活动中，一方面助推中国教育、文化、科技等发展，另一方面，耶稣会士也将中国文化介绍到欧洲，从而开阔西方人眼界，影响明清之际的文化变迁。

教会书院是在中国旧式书院趋于没落，面临改制的情况下迅速发展起来的。教会书院自为一体系，它与清末改革后的传统书院有本质不同，前者是以“中学”为本，兼习“西学”。如梁启超在光绪二十三年（1897）制定的《湖南时务学堂学约》中所讲：“今时局变异，外侮交迫。非读万国之书则不能通一国之书。然西人声、光、化、电、格、算之术作，农、矿、工、商、史、律之记载，岁出以千万种计。日新月异，应接不暇。惟其然也，则吾愈不能不于数十寒暑之中划出期限，必能以数年之力使学者于中国经史大义悉已通彻。根底既植，然后以其余日肆力于西籍，夫如是而乃可谓之学。经学、子学、史学与译出西书四者间日为课焉。度数年之力，中国要籍一切大义皆可了达，而旁证远引，于西方诸学亦可以知崖略矣。”[①]而这种教育机构，从一开始就显示出其本身所具有的特性。

教会书院的出现是历史趋势使然。一方面由于传统书院及官学没落。

世上任何事物，皆不会凭空发生。论近世教会书院兴起，则可将“孕育”一端关联至基督教传入中国的历史上。黄新宪教授《基督教教育与中国社会变迁》一书精辟地论述了这段历史。

基督教传教者通过不同方法在中国宣传教义及西方文化。其团体理想一为促进欧洲与中国间语言文学上的沟通，使欧洲人士可以学习中国语言及文学，同时也让华人学习英语，接受西欧文学与科学；二是希望通过学校教育，促进基督教思想在东亚和平传播。鸦片战争后，传教士赢得有利时机，他们借助政治优势及通商口岸等兴办学校，于是教会学校的数量与日俱增。有远见的传教士极力主张中西学兼通，他们明白要想成功地植根和传播于中华大地，就必须与中国传统文化相结合，与社会变迁相适应，于是他们多自觉地尊重中国风俗习惯，研究四书五经等儒家典籍，而这种思想从一开始就出现端倪。黄新宪教授在论述“基督教的宣教事业与晚清儒学的变迁”时写道：一些开明的传教士主张既要教《圣经》，也要教儒学经典，如传教士潘慎文主张，在教会学校里要求学生背诵《大学》《中庸》《论语》《孟子》《诗经》《尚书》，对于准备参加科举考试的学生还应当要求他们学习《礼记》《春秋》《周易》等，并学习道释典籍，

① 陈谷嘉、邓洪波主编：《中国书院史资料》，浙江教育出版社 1998 年版，第 2280—2281 页。

以便详尽了解中国文化。“在这种观念的影响下，一些教会书院往往将儒学经典、《圣经》和西学同等对待，开设出三者合一的具有拼盘式结构的课程。”[①]晚明入华传教士们即认识到必须熟读中国经典，方可识透中国本性，传教才能成功：“若要免人妄证，须先明透中国本性之情；若要明透中国本性之情，须先博览中国之书籍。中国之书籍，即为中国之本性也，未有不读中国之书籍，而能识中国之本性者，亦未有不能识透中国之本性，而能阐扬超性之理于中国者。”明末，全国已有天主教徒3万余人，时耶稣会士在各地创办学校，以传播宗教思想、培养信徒，同时也向中国系统介绍西方先进的教育制度，其中最突出者是“西来孔子”艾儒略。正如传统书院的山长定位一般，其人的学术、人格与精神、思想牵系着书院盛衰。耶稣会士在传教过程中，亦具坚忍不拔的宗教热忱和献身精神，故总是以饱满精力投入文教等领域，而教会书院最终也因此获得发展。著名翻译家、教会教育家、美国监理会传教士林乐知对教会书院建设亦有功劳。黄乃裳与林乐知亦有过交流，光绪三十年九月，他抵达上海，“先后谒美国传教士林乐知以及蔡元培、陈其美、林森等人”。[②]

《基督教教育与中国社会变迁》一书中对这段历史作出中肯评价：“就传教士办学活动所赖以产生和发展的历史背景而言，无疑带有文化扩张和渗透的性质，在传教士中也有人披着宗教的外衣，以办教育为名，介入中国内政，为外国侵略势力张目。但是，由于传教士成分复杂，背景又各不相同，因而不能简单地用文化侵略之类的字眼来概括他们在中国教育界的全部活动。客观上，传教士引进了西方的学校教育制度，以近代科学文化知识培养人才，对中国传统教育制度形成了威胁，在酝酿和

① 黄新宪：《基督教教育与中国社会变迁》，福建教育出版社1996年版，第79—80页。
② 马照南主编：《黄乃裳纪念画册》，2004年编印，第120页。

促进近代中国教育发展以及促使资产阶级教育思想在中国的传播等方面，都具有积极意义。”

西方传教士来华后，主要精力之一是从事办学活动，同时翻译或撰写大量中西学书籍，深刻地影响那个时代的中国知识分子，这其中就包括黄乃裳。

二、黄乃裳兴教事略

（一）黄乃裳研究述略

黄乃裳（1849—1924），字绂丞，号退庵居士，生于闽清县六都湖峰（今坂东镇湖头村）。他是近代中国致力挽救国家危亡、振兴中华民族的爱国志士、华侨领袖、民主革命家。他曾发表《英华格致书院关系国家谈》一文，提出“居今日而欲振兴我中国，非格致之学不为功”，主张向西方学习，引进西法，培养西学人才，以最终达到科学教育、实业救国的目的。

学界对黄乃裳的研究已经有年，学术网等网站收录了许多有关文章、论文等资料，如詹冠群《关于黄乃裳研究中的几个史实问题》《黄乃裳与福建近代的报业》《黄乃裳与孙中山》《论黄乃裳思想发展的阶段性——

坂东黄乃裳纪念馆旧照

兼谈新发现的史料》、郭银土《发扬黄乃裳精神，加快“走出去”步伐》、汪慕恒《华侨开发东南亚当地经济的先驱：黄乃裳先生与诗巫“新福州垦殖场”》、朱峰《黄乃裳〈绂丞七十自叙〉的考订与补充》、吴凤斌《黄乃裳创建新福州垦场的因由及其影响》、王炳庆《黄乃裳的教育思想》、肖忠生《黄乃裳对教育的贡献》《黄乃裳与社会公益事业》、林其锬《黄乃裳和他创办的〈福报〉》、黄梅红《黄乃裳教育思想形成的时空逻辑与经验启示》，以及由福州市华侨历史学会编的《黄乃裳学术研讨会论文集》（1992 年）、由福建省黄乃裳、黄乃模学术研讨会组委会在 2001 年编印的《黄乃裳、黄乃模学术研究文集》等。另外还有一些出版的书籍，如“海外文库”项目组编辑的《黄乃裳》（海外文库出版社 1954 年）、闽清县政协文史编委会编的《黄乃裳专辑》（1983 年）、闽清县政协文史编委会编的《纪念黄乃裳诞辰 150 周年专辑》（1999 年）、黄建聪所著《黄乃裳传》（福建人民出版社，2015 年）等。这些信息也反映了当代对黄乃裳的研究、宣传情况，凸显了后人对这位历史名人的关注。本篇主要论述他与教会书院的关联。

黄乃裳、黄乃模故居

（二）黄乃裳对近代教育发展的贡献

“西学东渐”发端于明代，至清代则成为一股洪流，清末教会书院兴起便是其中一个现象。教会书院对中国社会产生巨大影响，据相关统计，到民国时期，全国至少有 97 所教会书院，在福州地区有保罗福音书院，创建于咸丰二年（1852）；格致书院，美国公理会创办于咸丰三年；广学书院，建于光绪四年（1878），还有培元书院、鹤龄英华书院、圣马可书院、三一书院、圣学书院、真学书院等。黄乃裳通过在福州倡办教会书院，培育了一批精于西学的科学技术人才，并造就了一批革命骨干，其事迹值得大书一笔。

黄乃裳出身农家，祖辈“累世业农”，少年时代即过着半耕半读的生活。从他后来所从事的文字工作中可以看出，他读书是下过一番功夫的。他 8 岁入私塾，自幼即好学不辍，“无钱买书就到处借书读，没钱上书院求学就到书院偷听先生讲学”。许多文章都记载了这段历史：同治三年（1864），美以美会驻华传教士薛承恩到闽清县传教。黄乃裳当年除了上乡村私塾，只要有时间就会去书院听课，他发现在外国人创办的书院里，牧师身着儒服学习汉语，研读儒家经典著作，言行举止温文尔雅，“与塾师之教人者迥别”。牧师的知识水平普遍较高，且“新书院”中有着比较专业的教育模式。

当时中国官学及书院教育大势已去。清代的大部分教育制度均沿袭明代，其腐坏尤以“八股取士”为烈。黄宗羲在《明夷待访录》中强烈批评科举制度，认为其缺点有三：一、科举盛而学术衰；二、举一先生以废百；三、陷溺人心，败坏学风。梁启超在《中国近三百年学术史》一书中说：“明朝以八股取士，一般士子，除了永乐皇帝钦定的《性理大全》外，几乎一书不读。学术界本身，本来就像贫血症的人，衰弱得可怜。”而西方传教士通过办学实践，致力于思想启蒙与技术养成，其成效与社

大清光緒二十二年丙申六月十一日

第二十五

福報

西歷一千八百九十六年七月廿一號

福州美華書局印發

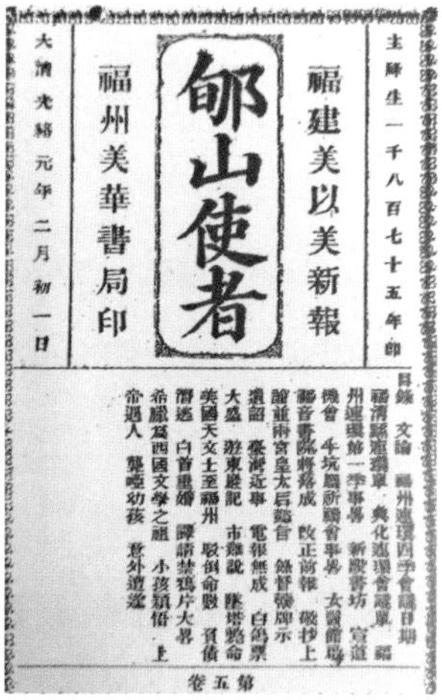

主降生一千八百七十五年

福建美以美新報

郇山使者

大清光緒元年二月初一日

福州美華書局印

第五卷

《福报》　　《郇山使者报》

会影响是显而易见的。于是这两种教育机构形成鲜明对比。

黄乃裳中过举人，这表明他早期也接受过传统文化的滋养，但同时他也不断探求国富民强的真理。由于这样的渴望，于是他从西方传教士那里接受了许多新知识。他读书、写作、办报，这些都是他对所学知识的应用与实践，如翻译《天文图说》《大美国史略》，与牧师共同翻译《圣经图说》《卫斯理传》《哥林多注》，用福州话翻译《旧约全书》。还有他曾主编《福州音普通字教科书》（二册），于 1918 年出版；清末维新变法运动期间，他向清廷呈递《请行切音折》，倡议实行文字改革，简化汉字，此举也得到清廷重视；同治十三年（1874），他受教会之托，任美以美会创办的会报《郇山使者》月报（后改为《福建会报》）主笔；他还创办福建最早发行的报纸《福报》，宣传维新思想。有研究认为“《福报》其余未署名文章均出自黄乃裳之手”。詹冠群《关于黄乃裳研究中的几个史实问题 》一文称黄乃裳无论是兴学，还是办报，其主旨皆在于唤醒民众，使能奋发图强，希望“中国人有吐气扬眉之日，有抖擞自强之时，有与欧美并驾齐驱之望”。

他早年接受西方基督教思想，使自己的学识与思想跟上了时代步伐，他吸收了西方民主变革的思想，之后走上了促进中国社会发展与变革的道路。办学培养人才是他的重要路径之一。其到马来西亚诗巫“新福州垦场”不久即倡办学校两所，且“学、膳、宿等费，一概豁免”，以提高垦农的文化知识水平。在诗巫期间，他开创学校两所，教堂五所，传播中西文化知识。以下简述其对福州教会书院的贡献。

按《黄乃裳年谱简编》记载：光绪五年（1879），黄乃裳 31 岁，时任教于福音书院。光绪七年，协助美以美会传办英华书院。光绪十四年，又供职于福音书院。宣统三年（1911）春，任英华、福音、培元三书院教务长。

黄乃裳当年参与筹办三书院事宜，他曾说：“中国的积弱由于民智不开，而开通民智有治本、治标二法：办学为治本之图，办报为治标之计。”他认为教育可以开发民智，是治本之方。此后，福州诞生一批新型学校。而黄乃裳开辟福州现代新教育道路，这种拓荒之力，诚功不可没。

鹤龄英华书院初办时，首任主理的美国人武林吉主张仿照美国教育制度，以西学为主要教学内容，此主张遭到部分在闽传教士反对，他们认为兴办学校只是为了培养传教助手，只要讲一些皮毛的西方科学知识，以吸引中国学生，用中文教学就可以了。黄乃裳出于教育兴国目的，在这场争论中全力支持武林吉。黄乃裳“旷观环球商战，与夫各国人才经济弥满之势力、世界之潮流，知英文必大行于宇内”，旋即，由英华书院出面招收 30 名学生，开始讲授英文。为解决英文师资不足问题，他说服二弟黄乃英辞去月薪 30 元的工作，到英华书院任教，月薪仅 6 元，工作时间达两年余。黄乃裳指出，设立英华书院目的是“为我国家培育有用之材”“国家已设同文馆及制造水师学堂多年于兹矣，培育人材之道，犹有未广欤？”“间尝旷观天下万国，其版图之大，或有过我朝，而人民之多，综六大洲计之，我朝辖四之一。吾知矿务、铁路、农田、织造诸大利必从此而渐兴，且海禁既开，而后各国交涉愈纷，则需材更不知凡几，而仅恃同文馆及各学堂之诸君子出以泛应之，不免兴借材异地之思，此传教士所以推其大公无我之心，为设英华书院也。”他深谋远虑，认为单凭清政府官办学校不足以培养人才，也不能适应形势发展需求。英华书院重视西方自然科学和社会科学知识传授，强调数学、地理学等功用，同时重视教学方法：“裳砚耕南台多载，得与掌院及洋汉教习盘桓，知其所以设书院之意，并观各席洋师教授诸法，未尝不叹其循循善诱，为不可几及。”因此“聪颖者于是乎愈奋，即钝而惰者亦以耻居人下而发愤于其所为”。书院兼顾中西，在章程中规定，生童入学须具备一定的汉语知识，强调学好英语必须具备汉语语言功底，因黄乃裳认为“英华书院之大有关我国富强与夫各与国交涉事务”，故强调培养通晓西学、熟习英汉语言文化、能胜任外事工作的人才。

福州为通商口岸，这是其英语教育发展的一个重要原因，而福州鹤龄英华书院是首先使用英文教学的学校之一。英华书院从光绪十六年（1890）到 1917 年，“其中到英、美设立的企事业、学校任职以及留学美国的有 84 人，占 57%”，成为福建培养西学人才的重要基地。取得这样的教学成就，与黄乃裳是分不开的。

黄乃裳为教会书院的发展做了许多有益之事。时人通过教会书院，接触到西方教学理念与制度。教会书院对中国现代教育起到借鉴作用，推动现代教育事业发展，但也应看到其消极一面，即：“教会学校在其性质上具有文化侵略的本质，其根本目的不在于培养人才促进中国的发展，而是在于培养殖民事业的代理人……妄图使用西方文化取代中国文化思想的野心。”但许多参与教会书院建设、发展的中国人，他们心中的目的是为解救疲敝的旧中国。1896 年 6 月，黄乃裳在《闽省会报》上发表署名文章《英华格致书院关系国家说》，表达了自己的变法维新思想。当时清廷对新式教育并不十分重视，他看到“外力之侵迫、国势之孱弱、民治之腐败、社会之颓落”，认为“中国的积弱由于民智不开，而开通民智有治本、治标二法：办学为治本之图；办报为治标之计”。文中强烈呼吁：“居今日而欲振兴我中国，非格致之学不为功。”此时的黄乃裳，明确把发展中国资本主义同抵抗外国资本主义侵略问题直接联系起来，提出把发展资本主义工商业作为挽救中国危亡的重要途径。他说：“格致之盛于西瀛也”“此欧、美、澳三洲所以富且强，而为之民皆熙熙然、嗥嗥然，乐逢其盛而精益求精”，认为要把教育作为维新变法内容加以重视，而且把这种教育与发展民族工商业与国家的前途命运联系在一起。黄乃裳在教会书院中强调“格致之学”是以长远眼光考虑。[①]基于这种心理，他到教会中任职后，只要有办学，“无不竭力提倡而辅助之”，倾毕生之力，为办教育开民智、兴中国而不懈努力。

《英华格致书院关系国家说》这一教育名篇曾被许多人引用，其教育主张得到了许多人肯定，而他笔下的另一篇文章也值得留意。1911 年 4 月，他在《左海公道报》上发表《福建宜急办实业学堂说》，强调要开办各种实业学堂，以培养实用人才。他重视福州英华书院的西方科学教育，认为它是中国向西方强国学习的捷径。王炳庆在《黄乃裳的教育思想》一文中讲道：“学会西方科技的毕业生要把知识运用到实际中去，发展民族工商业，振兴祖国……他把传统文化中的学以致用思想应用到当时具体实际中，使他的教育思想闪烁着爱国主义的光辉。”

其间，他在青年学生中传播革命思想，激发学生的爱国精神和革命

① 黄跃舟：《黄乃裳与福州近代书院》，载于《黄乃裳学术研讨会论文选》，福建省社会科学界 2011 年（第八届）学术年会《黄乃裳与辛亥革命》分论坛论文汇编，2011 年编印，第 19—24 页。

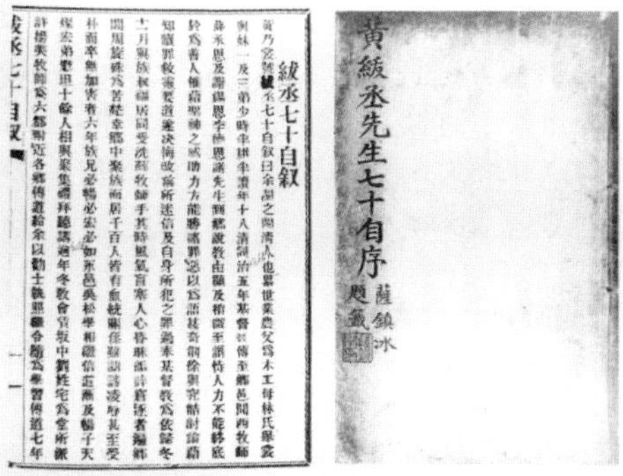
绂丞七十自叙

黄绂丞先生七十自序　萨镇冰题签

黄乃裳《黄绂丞先生七十自序》书影

热情。论福州教会书院史，此事不得不提。黄乃裳结合教学活动，以书院为阵营，开展秘密革命工作，为福州起义创造有利条件，也为辛亥革命立下功勋，其崇高人格与为人风范对书院学生影响很大：

一是组织书院学生成立体育会，为武装起义做准备。1911 年 6 月，受同盟会福建支会委派，黄乃裳在福州仓山组织桥南社体育会，为武装起义做思想和军事上的准备。他利用教务长的身份，组织英华、福音、培元等学校的学生 200 余人以锻炼身体为名，从事秘密革命活动，培养了一批革命骨干。后来在福州光复起义中，他们中的许多人成为洋枪队和炸弹队的成员。二是组织福建革命党人，积极参加黄花岗起义。后来有人回忆："至黄花岗失事，闽人死义者占二十位，其中为黄君之门弟子在半数"，由此足见黄乃裳组织、培养革命骨干的成绩。三是起义前，黄乃裳召集书院学生组成起义先锋队——学生炸弹队。辛亥革命爆发时，他积极引导和支持学生参加反对清朝专制统治的革命活动。起义前夜，他在仓前山对湖路住宅，集合英华、培元、福音三书院学生 41 人组成学生炸弹队。

1904 年，黄乃裳离开砂捞越，回国准备投身革命。翌年，他受聘为厦门同文书院教师，不久任厦门《福建日日新闻》报主笔，宣传革命，参加中国同盟会。1843 年 11 月，厦门正式开埠，较早接受"西风"影响，鹭岛上的书院也首先开启教育又一篇章，岛上兴建了寻源斋圣道书院、博闻书院、美华书院等书院。同文书院创办于 1898 年 3 月，是厦门第一所以西方近代科学知识为教育内容的新式学校，有人说它是福建省第一所现代意义上的大学。黄乃裳在学校中对学生进行维新变法和孙中山早期革命思想宣传，故有人说："厦门革命种子之散播，实乃由黄乃裳先生主教同文书院始。"同文书院学生多为准备进入商界的年轻人，至 1900 年增至 201 名，生员数量排名厦门各学堂前列。书院学生后来多有成就，他们德才兼备，怀济世之心，在各个领域皆发挥了重要作用。

辛亥革命后，黄乃裳在福州东街创设织工女校。不久，又分设织工女校于福州大庙山南台钓龙书院。1905 年青年会正式创立，翌年开办福州青年会书院，并向俄国茶行租用房屋作为校舍。1910 年，黄乃裳被推选为福州基督教青年会会长，随后他联络各界人士募集资金修建福州青年会会所。于是"福州青年会书院"（福建商业高等专科学校前身）遂有固定校舍，其在《绂丞七十自叙》中写道："是年春，有青年会购地址四万五千元之募捐。余以长青年会名义，拉许君子安同为开募。……得诸君鼎力倡襄盛举，不二十日捐五万余元，喜逾初愿。因有巨款，则美总统罗斯福所募赠我福州青年会所之建筑费一十二万元，可与承领矣。乃购最适宜之地址于苍霞洲临江一大段。嗣建筑告竣，官绅学各界毕集于宏敞雅丽之堂宇楼阁，以礼落成之……"1916 年，福州基督教青年会会所在台江苍霞洲建成。

青年会书院办学之初，黄乃裳强调"自强不息"及"非以役人，乃役于人"的开明文化，奠定书院教育理念。书院肇创之初，他还积极发挥"学以致用"思想，为将振兴福建经济的教育理念付诸实施，他极力主张办实业职业学堂并亲自任教讲学。书院师生备受激励、鼓舞，他们团结青年、服务社会、造福人类，成为该校一大特色。自 1912 年 6 月始，书院就有

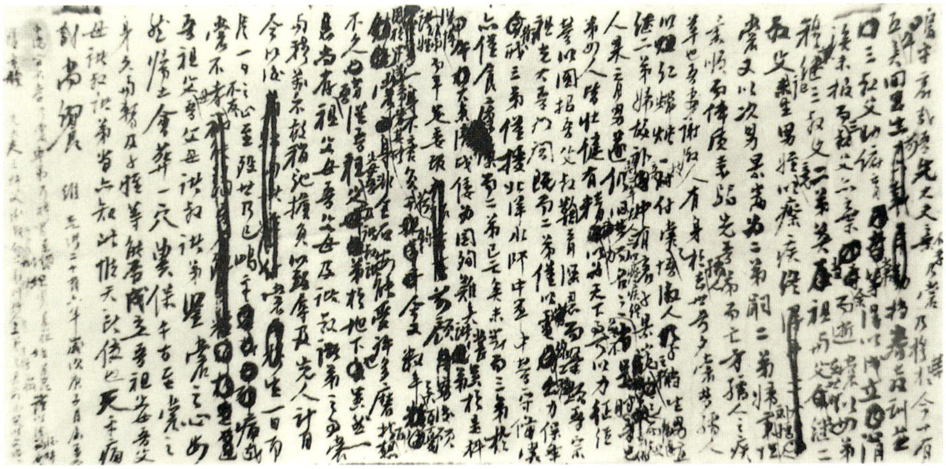

黄乃裳手书祭文

了高级普通科毕业生，着力培养工商实用人才。

中国古代学人广泛存在“内夏外夷”的世界观及“西学中源”的文化观，“这种意识对于中国文化发展的连续性以及反抗外来侵略曾起过有限的积极作用，但其墨守成规的特点和对西方文化冲击的非理性回应严重阻碍了近代中国人学习西方、走向世界的历史进程。”黄乃裳皈依基督教，深入学习西方文化，之后不断扩大基督教影响，开展的一系列工作皆成效显著，这推进了基督教事业，同时也促进了中华文化发展，其用意在于以西方观念、文化来改变中国教育落后状况，进而改造社会。

教会书院的办学方法和教学形式体现了西方文化与中国传统文化之间的微妙关系，教会书院因此也成为中国近代书院史上独特的存在。邓洪波认为教会书院是名副其实的融通中西文化的实体，为中西文化交流尤其是西学东渐做出了重要贡献。笔者认为黄乃裳在这个关键环节中起到重要作用，他的一生实践了传统儒家的高尚情怀，在新的时代中，他为闽清古代书院递交了一张“为往圣继绝学，为生民立命”的答卷，而他的教育作为，也实践了儒者“为万世开太平”的人生理想——通过教会书院教育，以实现“安人”“安百姓”的政治理想。

1912 年，闽清县教育会成立时，黄乃裳被推为会长，其间在福州创设简易师范学堂，以培养师资。一年后，闽清有 17 个乡办起 34 所高、初级小学，以该学堂的毕业生作为教师，这段教育盛事亦值宣说，但因无关书院历史，故一笔带过，待日后专论。

第六章 ▸

书院名人轶事

一、刘祖宪倡修书院

刘祖宪（1774—1831），字为宪，一字守斋，号仲矩，闽清六都玉阪人。少时机警聪敏、喜读书，乾隆五十九年（1794）中举，道光二年（1822）任思南府婺川县（今遵义市务川县）知县。任上有显著政绩，还“倡建敷文书院，开科讲课授生，兴办义学”。道光四年，刘祖宪调任安顺府安平县（今安顺市平坝区）知县。“县郡原有一所治平书院，因年久失修，已经很久没有听到读书声。刘祖宪捐出自己的薪俸修葺书院，聘请老师来教书授课，并亲自评定学生试卷成绩及名次，奖优惩殆，重振书院学风。他还带头捐银255两，发动乡绅共捐银1048两，在县城开设南北义学二处，带动全郡倡建义学36所。城乡教育一时兴起，人才辈出。”

侯官县精通五经的谢位东颇推崇其人，曾说：“闽清小县，过去有陈祥道，现在则有刘守斋。”安平县土地贫瘠，老百姓生活艰难，刘祖宪在知县任上创办农桑学校，提倡放养柞蚕，并撰写《橡茧图说》，系我国最早论述放养柞蚕技术之书。该书图文并茂，又系之以诗，文风明朗晓畅，百姓读之以应用于实际，从而获利甚丰，生活因此改善。除了《橡茧图说》一书，他还主编《安平县志》（5卷），编著《论语纪闻》（8卷）等书。

二、宦闽清者

闽清文化兴盛有赖教育发展，而教育发展则离不开地区风气影响。从历史人物角度而言，一方面闽清籍历代儒家、学者的遗风余韵成为闽清地区恒久的人文资源，另一方面为官闽清者亦对这片区域造成影响，本篇列举张学尹、童积斌等人事迹如下：

张学尹（1775—1851），字子任，一字少衡，湘阴人。中进士后曾任闽清知县等职，后调补侯官，在任上因政绩优异，擢升台湾府北路理番同知，代理兴化知府。后厌弃官场，归而著书，讲学 30 年。在福建期间得闽浙总督汪志伊赏识。其治经学尤精《春秋》，并深入研习儒学经典，“立论详赡典雅，自尽其意，故世尤高先生之文章”。著有《师白山房讲易》《礼记辑义》《周易辑义》《听园文存》《毛诗讲义》《春秋经义》等书。他大半生时间皆致力著述和教育，在台湾创立义学以兴文教。鉴于其政绩，当地建“雨耕祠”以纪念其人。他曾主持宛南、濂溪等书院。道光二十一年（1841）至咸丰初，主讲石鼓书院，其门下成名者众多，显赫者如左宗棠、彭玉麟等。其事迹见郭嵩焘《张少衡先生墓志铭》等文记载。他在闽清时间虽短暂，但定会有所影响。

豸山书院位于连城冠豸山，系童氏先贤讲学、藏修之所，书院历史可追溯至冠豸山五贤书院二十景之一“止窝”。“止”是儒家修心精要，《大学》云：“知止而后有定。”清乾隆年间翰林李修卿在《止窝记》中阐释道：“童君任劳辑事，用力尤多，而性静虚好学，故常止于其所。

因笑谓之曰：是窝也，殆君之安乐窝乎？今不独为君之止，而余亦得所止矣。虽然，抑有道焉。止之为义大哉！山止于地，水止于渊，身止于安，心止于静，思止于位。止也者，'连山'之旨也。故《大学》首重于知止，而'缉熙敬止'为盛德之极致。引而伸之，默而会之，博稽物理，存养心性，以安汝止，则虚室生白，吉祥止止，无往不得其所止者，岂拘拘一窝之止耶？"[①] 童氏后裔童积斌（1833—1908），号小丛，光绪八年（1882）中举，曾任豸山书院掌教。历署福州府学、闽清县学训导兼理古田县教谕等职。主讲豸山书院时，每慨膏火微薄，因集同人广为劝募，以增加书院田产。

历代闽清地方主官、学官多重视发展教育，在闽清书院演进过程中，他们的事迹汇集成一张张历史缩影，记录了过往片段。

方翥，字次云，莆田人。六岁而孤，从兄作万卷楼，储书千二百笥。南宋绍兴八年（1138）登进士，调闽清尉。未一载归，阖户十八年，尽读其书。陈芳濂，字景溪，宁德人，曾师事鳌峰书院山长孟超然，康熙五十年（1711）中举，授闽清教谕。学宫侧有五显祠，男女杂沓祈祷。芳濂斥之，毁其像。后迁台湾彰化，擢山东朝城知县。邑本饶沃，多例金。芳濂曰："受朝廷厚俸，复有私入乎？"不受。郑兼才，一字六亭，德化人。其为人敦厚廉直，"自以职在教学，毅然以洁修庠序、阐扬幽隐、扶植人伦、整齐风俗为己任"。为官任上凡文庙殿阁、明伦堂、东西斋廨及名宦祠、乡贤祠等莫不劝施兴作，与侯官谢金銮、陈庚焕等交游。

① 连城县客家研究联谊会编：《连城客家书院理学文化》，鹭江出版社 2010 年版，第 109 页。

三、闽清“儒林”小记

书院山长多经明行修。闽清地区除了陈祥道、陈旸、林学蒙、林学履外，史上还有许多先贤致力理学研究与传播。书院是文化、学术载体与研究、传播机构，而学者致力儒家学术传播，其初心与书院山长一致，故研究地方书院历史文化，不可忽略当地儒家学者事迹。今根据《闽清县志·儒林传》整理人物生平、学行如下：

刘士杰，字梅岩，闽清人，乾隆十二年（1747）贡生。生性嗜学，笃信宋儒之说。曾任福安训导、福鼎教谕，敦勤课士，教声宏著。常能诱掖后进，为士林矜式。手辑《四书说贯》（20卷）、《礼记备要》（4卷），年老还乡后依然笔耕不辍，致力谱牒纂修，暇日则杖履优游，恒以经史自娱。每有著述，犹能于短檠前作蝇头细字，可谓精神至老不衰。

郑文杰，字子超，闽清人，康熙三十九年（1700）贡生，著有《学庸说充》等书，文行受士林推重。

刘成章，字本汉，闽清人，曾以所学教授乡中，“后进负笈担囊，来游者屦满户外，受其教益者指不胜屈”。性尤嗜古，凡古文奇字，靡不考核精详，人多载酒相问。然而科举不顺，但仍能处之泰然。著有《笺注左国》等书。平生能将学问身体力行，一则事母至孝，髫龄时克遵母训，力学不倦，“一灯咿唔，依依傍母”。二则为人尚义气，笃于宗族事务，受邑人尊敬。

刘国琛，字道南（一字慕游），闽清人，平生“敦道谊，寡嗜欲”。

治学有“博洽贯串”特点，深入群经，“于汉唐以下经解义疏靡不搜览，六朝绮丽间亦习焉”。他治学极勤，郡试时曾获第一。“时患血疾”，但未病危时，仍手写《诗经》注疏数千言。

四、詹旭题诗丘氏书院

闽地书院影响力大，闽人在推动中国书院发展进程中，更是贡献卓著。冠豸山的书院是连城历史文化中最为精彩的一部分，也构成这座名山的文化底色，流传的书院文献记录了曾经的岁月。丘鳞、丘方叔侄在冠豸山结庐读书，后人于故址立祠祭祀，后世建为二丘书院。这两位读书人一同受业于杨澹轩，而杨澹轩是朱门高弟，“二先生从之学，尽得其传”，所以“溯其所从，皆门嫡传”。建立二丘书院的意义在于：它象征一种学风，也代表着理学传承，如连城“海内名士”黎士宏所说：“惟杨先生（杨时）谒朱子，受所传于前。二先生从杨学，绍所闻于后，倡明圣道，引诱善类，门人始知诗书礼乐之学。”[①] 由宋迄清，许多事物都经历天翻地覆的演变，但这所书院所承载的文化却始终如一。清朝时，闽清人詹旭担任连城县教谕，他当时作《丘氏书院》诗云：

莲城遗迹古为多，历尽沧桑半草窝。
独有先生书院在，夜深尚可听弦歌。

① 连城县客家研究联谊会编：《连城客家书院理学文化》，鹭江出版社2010年版，第102—103页。

五、刘训瑺的办学事迹及其诗文著作

刘训瑺的主要经历已在文泉书院部分有所介绍，以下补充其办学经历与诗文著作。

1906—1915 年，刘训瑺任闽清县“劝学所”总董。其时县内各都乡高等小学和国民学校（初小）由原来的 5 所发展到 46 所。1913 年，他协力改文泉两等小学为闽清私立文泉中学。次年，他继首任校长黄师勉之后任该校校长。1925—1927 年，他任闽清县教育科长。

当时，清廷昏庸腐败，列强虎视眈眈，国家垂危。刘训瑺青年时期即受维新思潮熏陶，其爱国思想赫然展现诗中，如《马江感事》诗云：

惊涛拍岸暮山苍，船坞高高接大荒。
几许规模经擘画，何堪胡虏肆猖狂。
枪林飞雨攻天险，铁舰沉江失国防。
劫火焚余谁再造，至今恸哭左文襄。

民国年间再修《闽清县志》，他承“纂修之役”，事始于 1918 年 1 月，迄 1919 年 10 月。其间，他勤于搜索材料，谨慎裁剪去取，希望新志“无遗无滥”。他重视修志工作，意识到志书“非仅以备乡邦掌故”，而是可以提供为政者参考，成为“施治者之方针”。志书中包罗多方，“凡兵、刑、钱、谷，农田水利以及学校、实业诸要政，莫不悉载之”。[①]

1938年，刘玉轩年值70岁，作有《七十书怀》诗云：

过眼光阴似转轮，问年已是古稀人。
菜蔬有味安吾素，竹帛无名愧此身。
苦恨中原成乱局，满期薄海靖胡尘。
愿教此后歌丰乐，容我山中作幸民。
万木萌芽草木青，萧萧短发怅零星。
家园杖履行仍健，海宇干戈战未停。
但乞苍穹消劫运，漫劳旧雨祝稀龄。
闻鸡自叹刘琨老，忧患余生已饱经。
蒿目时艰百感生，漫天烽火掩神京。
寄声英俊惟劬学，切望乡邻共力耕。
到底热心能救国，定知众志自成城。
稀年愿上承平颂，洗甲银河看息兵。
意态龙钟老自憎，凌烟功业让贤能。
身同驽马常依枥，心慕冥鸿早避矰。
学道深惭仁智勇，克家渴望子孙曾。
吾年七十期平治，破碎河山看复兴。

1950年，刘训瑞作为知名人士、特邀代表出席闽清县人民代表会议。其一生笔不停息，撰有诗歌3000余首及散文多篇，今存世有《刘玉轩诗文选》等书。

① 闽清玳琅书楼编：《刘玉轩诗文选》，1983年编印，第191页。

六、刘懿芝从教事略

闽清自古崇文重教，陈旸、陈祥道兄弟“英声茂烈”，诚为“名都先达”，其学术影响深远，而其好学精神也影响闽清学人，于是传留许多教育佳话，刘懿芝父子即其中一例。

刘懿芝，字善兰，号紫山，闽清六都玉阪人。少贫苦，能自刻励。弱冠通五经，治文重理法，以府试、院试皆第一入闽清官学。年二十八举于乡，曾主讲省会南台钓龙书院30年。其性严毅，论文以经史为根柢，以先正为准绳；其讲学以忠信有恒为基本，以身心性命为归宿。曾言：“无限功业出于忠信，我自揣外才极拙，内才亦拙，所不枉过一生者，恃忠信也。”其事迹见于谢章铤《刘紫山传》记载。所著有《敬业堂文集》《明溪随笔》《二程语录注释》等书。他当年任归化县学教谕，因自觉能至杨时故里教学，遂倍感振奋。既至，归化邑令延其为峨嵋书院讲席。其谓诸生曰：“龟山当日首议罢王安石，配享作三经义辨，倡道卫道，功在千古。多士生当圣代，居近贤人，宜何如奋兴？非仅弋取功名之计，他日立庙大节，悉基于此学也者，学为古人非可苟焉已也。”其间端正士习，振兴文风，随事规劝，十余年如一日。值得注意的是，谢章铤这篇传记中也勾勒了理学在福建、福州的传播史，文中介绍福建从林慎思、“海滨四先生”到朱熹的学问传播脉络，并指出宋明以来的学问流弊，感叹学风日下。文云：“吾闽自伸蒙子海滨四先生以来，理学久已萌芽矣。将乐、延平相继而兴，及乎紫阳，遂集濂洛之成，迨兹数百年。都人士耳濡目染，失于迂拘者或有之，而行止卒不大远于矩矱。岂知迂流所极，顿至凌夷，其贤者以口耳为功绩，以学统为门面；其不肖者，则且庠序其身，市井其心。盖自予之少而壮，壮而老，已不胜江河日下之危矣。”谢氏感叹当世如刘懿芝者不多，鲜有人关注道德礼义之学。

光绪三年（1877），刘懿芝曾作《鼎社序》，文云：“近时读书之乡，每因崇祀帝君而立社，盖我国家文教之诞敷久矣。余前此读书于文昌祠垂三十年，既晨夕瞻仰乎帝君，惟恐一言一行负疚于神明。又尝以此意警励学侣，其成名以去者殆指不胜屈矣。”谢章铤《刘紫山传》以典型事例并撷取其平生言语，生动地将其为人行事表现于纸上。刘懿芝曾言：“无限功业出于忠信，我自揣外才极拙，内才亦拙，所不枉过一生者，恃忠信也。”谢氏亦深为肯定其敦品笃学之事，虽片言只语，但确可见其人学行。光绪六年，巡抚勒公饬各学振作人才，见其所上书二千余言，褒其留心文教；光绪十二年冬，升福宁府学教授，未行。逾年正月，以足疾终于学署。“诸生会哭多失声，祀之书院，买田岁祭焉”。

刘懿芝课子有成就，其长子刘涵（字雨人）在他教导下伏案苦读，中同治十二年（1873）癸酉科拔贡。因其学习刻苦，文思敏捷，后来遂成通儒。谢章铤主讲致用书院时，他每试必列超等。

七、刘懿璜就读鳌峰书院

鳌峰书院是清代闽省最高学府，书院山长多宿儒名师。书院所招收学生皆为出类拔萃者。该书院不以科举仕进为唯一目标，历任掌教都注重传承文化，培养人格。闽清人刘懿璜（字善尧，号渭臣）曾任瓯宁教谕，弟子多有成才者。其少时曾肄业于福州鳌峰书院。在书院中，他作文善于构思，试辄超等。堂弟因送薪水之费时至书院，见他常卧榻上，出来后告诉他人说："读书诚不藉咿唔力也。"时人认为他苦心研究学问，所以能先形成腹稿而后下笔。"咸丰乙卯科（1855）以第一名获隽，诵其闱稿，士论翕然"。

八、文泉书院学子

文泉书院培养了许多人才，今据《闽清县志》《闽清县教育志》等书记载，整理部分文泉书院学子事迹。

黄钟荣（1868—1886），讳绍彤，号弓承。少颖异，出语惊人，性慷慨，好义举，“负笈省垣名孝廉李骏斌先生之门，甚器重之”。年十九夭折，方病革时，嘱妻刘氏：“我死，汝以衣食余资，散为桑梓善举，则我瞑目泉下矣。”据载，其“捐助文泉中学校、新壶小学校各有厚款”。

黄岳申（1887—1921），名阐禧，字绍武。坂东宏琳厝人，早年就读文泉书院。1910 年福建高等师范理化选科毕业后任教于福州开智学堂，同年加入福建同盟会，参加光复福州战斗。后又参与筹建“福建学生北伐军”并任临时筹备处文牍股干事，撰写《招募组织福建学生北伐军通告》。与黄乃裳、许逸夫一起撰写福建学生北伐军军歌《祈战死歌》。1915—1918 年任文泉中学校长。1921 年任闽清县劝学所所长、闽清县教育会会长。著有《闽音正读表》等。

黄镜人（1888—1948），名绍龄，字惺庐。六都宏琳厝人，早年师从文泉书院李骏斌山长，志攻汉隶，青年时代负笈求学榕城大儒谢叔元。宣统元年（1909），与人共同创办新壶小学，1911 年由吴挺生介绍加入同盟会，1914 年在宏琳厝内开办书局，为闽清县第一家近代书店。

黄开绳（1895—1957），字直斋，六都新壶里人。幼年丧母，赖祖母林氏躬亲抚养。早期就读文泉书院，每试必名列前茅。后就读日本九州帝国大学，获化学硕士、博士学位。回国后任职河北工业专科、厦门集美等学校。教学能循循善诱，为学生钦仰。1931年，任上海开成硫酸制造厂总工程师。1934年，任福建省立科学馆馆长。其间他广罗科技人才，从事科学研究，普及科学知识，同时将该馆各部门仪器设备开放，以供各大专学校师生研究、实习之用。又经常举办学术讲座、展览等，为普及科技做了很大贡献。在科学馆任职期间，还兼教于福建省立师专、省立医学院和协和大学。抗日战争期间，由其主持的省立科学馆为本省各中小学提供了500套，为外省供应了50多套科学实验仪器。他还自费购买8套科学实验仪器，分赠给天儒初中、文泉初中、毓真女中以及新壶、钟石、坂西、金山、龙江等小学。1948年，任台北师院化学系主任、教授。曾主编《化学、物理教程标准草案》，中途因脑溢血症于台北亡故。其所编著《工业分析》《燃料工业》等书极受学术界重视，所编《高中化学实验教程》等教科书为当时全国高中普遍采用，还有《新工业大全》等书也为当时我国工业界重要文献。[①]

翁玉辉，字士任，号晓东，邑岁贡生。“幼倜傥，多著作”，闻名于时。玉辉早岁能文，文泉书院考课多列优等，于是师友器之，然而不幸夭折。

陈宝贤，邑庠生。家贫好学，襟怀洒脱。在文泉书院所作课艺，得文泉书院赵以成、李骏斌诸山长赞赏。适赴省应岁试，取列一等。“因中疫，病暴发，买舟回至家，数日卒”。著有文稿未成帙。

① 中国人民政治协商会议福建省闽清县委员会文史工作组编：《闽清文史资料》（第二辑），1984年编印，第49—57页。

九、祭禄位

据记载，文泉学校有祭禄位仪式。每年春秋两祭，分别在阴历正月与八月举行，地址在文泉书院禄位厅，禄位厅一联云：“醵酒祝长生有老幼无主宾当伏腊岁时邀来里社；翰田建精舍籍菑畬为经训愿连镳科第看到云礽。”祭禄位仪式颇为隆重，春祭由校董事会会长主祭，秋祭由校长主祭。黄德展《文泉书院禄位访谈录》一文对此细节写道：“鸣炮开始后，执事端来宽边铜锣盆，盆中盛文泉古井中新汲的清水，供主祭洗手。洗手后用白色毛巾揩干水迹。主祭明烛、燃香，向文昌帝君三鞠躬，再向文泉禄位三鞠躬，定香后焚化元宝纸沓。二位执事掺入帮助化纸。与主祭开始洗手的同时，一位执事宣读祭文。祭文宣读完毕，化纸也近尾声，鸣炮，宣告仪式结束。”[①] 参加祭禄位者亦须具备一定资格、条件，如为学校捐资出力之人可参加此仪式。

文泉书院禄位牌

① 文泉校友会主办：《文泉》，2012 年第 6 期，第 1 页。

关于禄位的来由颇有意思。文泉书院在创建时，主要得益于闽清民间筹款，为感谢和纪念这种捐资兴学功绩，于是有人就在书院内供奉其长生牌位，逢年过节则烧香拜供，以祈求上苍保佑其福禄长生、阖家幸福。春秋两季择时为文泉禄位授予者举行长生祈福，故也称此为“长生禄位”。书院以这种方式来塑造榜样，也希望更多人为闽清教育事业做贡献。文泉书院规定，凡捐田亩“三斗种”（或捐资价值相等于此者）以上捐户，可授予禄位，禄位可世袭，其家人可永受长生香火祝福。文泉书院在那天还举办禄位宴，以表彰捐户功名，激励乡亲继续为书院献策出力。

禄位宴宴席简朴，每桌限饮本地黄酒一壶，以免酒后有辱斯文。禄位厅只排 6 桌，按积累计算，末位出厅。捐资助学最多的捐户，通过“在禄位厅上坐”的形式受到人们尊敬，而禄位宴则以“宴席标准一律平等”办法，巧妙地把捐资助学的人们以“荣誉有别，人格平等”的形式融为一体。参加禄位宴者可以是本人，也可以是其家人或后人。起初，文泉书院每年两次参与禄位宴者只有捐资金额最多的前 60 名，后随着书院发展，参与捐资助学的乡亲增多，名额也就有所变化。后来逐渐演变成闽清各族姓群体慈善会和文泉校友大聚会。[1]

① 文泉校友会主办：《文泉》，2012 年第 6 期，第 3—5 页。

第七章

私塾、文庙与书院

一、私塾历史与文化

清末民族危机日益加深，使得书院改革热潮高涨。其内在原因一是“时局多艰，需材尤急”，二是“书院积弊太深，难育异才”，所以改革的一个重点是“仿照泰西程式”。在时代浪潮下，书院这一教育载体遭受沉重打击，无论是“书院改学堂”的主张，还是“变通整顿书院”的办法，或是“创设实学书院”的理念，都是为了寻找中国教育新的出路。[①]

书院改革是激进的，也是曲折的，它依靠一种自上而下的行政力量在短时间内取得一定效果，也留下了一段遗憾，这成为书院研究者的共识。

早在民国年间，一些学者就对此提出看法，如1924年2月，胡适在南京东南大学演讲，其讲稿后来被整理为《书院制史略》一文，包括“宋代四大书院”“宋代书院制度”“书院传统精神”“自修与研究”等内容，对书院教育引起学风兴盛，生徒多能自学等表示肯定，其开篇即说道：“在一千年以来，书院实在占教育上一个重要位置，国内的最高学府和思想渊源，惟书院是赖。盖书院为我国古时最高的教育机关。所可惜的就是光绪变政，把一千年来书院制完全推翻，而以形式一律的学堂代替教育。要知我国书院的程度，足可以比外国的大学研究院。譬如南菁书院，他所出版的书籍，等于外国博士所做的论文。书院之废，实在是吾中国一大不幸事，一千年来学者自动的研究精神，将不复现于今日了，所以我

① 李国钧主编：《中国书院史》，湖南教育出版社1998年版，第915—952页。

今日要讲这个书院的问题。”①

后来书院改学堂，再后来学堂又演变为大、中、小学，书院这一教育组织形式与其所蕴含的文化也渐渐远去，消逝在社会中。但笔者认为私塾是书院的延续，在书院制度消亡以后，它依然存续着书院精神。

自学堂兴起后，私塾并没有完全消逝，它们各具特色，互补共存。私塾存续了很长一段时间。宣统二年（1910），私塾改良明确纳入国家教育政策，学部制定《改良私塾章程》。但由于私塾“所传授的文化，是我们民族的经验和记忆，反映了我们的先人对生命的参悟、对环境的理解”，有其深厚中华文化土壤，以及广大群众基础，故新中国成立后私塾也没有绝迹。这一教育体制延续了很久，时人对此有不同见解，一是认为私塾与小学体制两不相容，在现代小学兴起后，私塾就应该退出历史舞台；一是认为现代小学的推行乃至在全国普及小学义务教育，绝非短时间内能够完成，如果遽行废除私塾，势必造成大批儿童失学，影响甚大。

新中国成立后一两年内，城乡及广大农村地区的私塾数量不断增加。1953 年后政府又允许一些地区开办私塾。1962 年 11 月，私塾能否开办的问题在全国宣传教育会议上也引起了讨论。最终在会议的总结讲话中，中央宣传部部长陆定一根据中共中央书记处讨论的精神，指示当前“对私塾的方针不是取消，而是要管好”。1963 年 1 月，教育部出台《关于农村小学和“私塾”几个问题的意见》，确定现阶段对私塾的方针是“不要轻易取消，也不能放任不管”。到 20 世纪 60 年代中期，私塾整体上退出了历史舞台。对于私塾存在的意义，亦众说纷纭，秦玉清在《近代私塾改良研究》一书中这样评价道：“私塾不是麻烦制造者，是文明的‘灯盏’，它进行识字教育，传授本民族的文化，以文化人，以德育人，孰

① 卞孝萱、徐雁平编：《书院与文化传承》，中华书局 2008 年版，第 1 页。

料近代风云突变，轻视私塾、批评私塾、整顿私塾成了主流。追根溯源，私塾问题是帝国主义逼出来的，若没有外来干涉，私塾改良无从谈起。”[①]

（一）何为私塾

“塾”字起源甚早，其字最早见于商代甲骨。古代字（辞）典对该字有记述，如《尔雅·释宫》云：“门侧之堂谓之塾。”《说文解字》云：“塾，门侧堂也。从土，孰声。”当时是指建筑中某部分，并无文教含义。而“塾”作为教育机构存在，始于西周时期。《礼记·学记》云：“古之教者家有塾，党有庠，术有序，国有学。”唐代以后，以“塾”命名教学地者渐多。

宋代“功崇惟志”刻花石镇纸（图片来源于《闽清文物》）

清代木质“先贤朱子之位”牌（图片来源于《闽清文物》）

清代石砚（图片来源于《闽清文物》）

① 泰玉清：《近代私塾改良研究》，中国政法大学出版社 2016 年版，第 318 页。

经学家孔颖解释“家有塾”云：“《周礼》百里之内，二十五家为闾，同共一巷。巷首有门，门边有塾。谓民在家之时，朝夕出入，恒受教于塾，故云‘家有塾’。”后历经宋元发展，“私塾”已然成为我国教育的一个主体。如宋代宰相赵鼎礼请汪应辰为师，“延之馆塾”以教子弟，此风影响民间。《福建省志·教育志》载：福建在宋代也出现规模较大的私塾，如福州林子冲、晋江杨履正、宁德林氏教塾，学生均有数百人。明清时私塾更是遍布乡野，达到鼎盛，也造就庞大的塾师阶层，所谓“沿门磕头求弟子，遍地碰腿是先生”。蒋纯焦《一个阶层的消失——晚清以降塾师研究》一文指出：“19 世纪晚期，每个州县大约有 2000 名塾师，全国有 1500 个以上的县和相当于县级的地区，据此推断，全国塾师数量可能高达 300 万人。”

另外，必须要指出，私塾之称出现在光绪三十一年（1905）以后。清廷废科举，兴办新式学堂时，才有私塾之称。

（二）书院与私塾

旧时私塾办学形式延至民国时期，其存在时间比书院要长。私塾与书院关系密切，二者有许多相似之处。

第一，许多时候二者之间在学程上属上下阶关系，私塾课本内容是蒙学读物，比如《孝经》《弟子规》《三字经》《百家姓》《千字文》《笠翁对韵》《声律启蒙》《龙文鞭影》《四字鉴略》《弟子职》《增广贤文》《唐诗三百首》《幼学琼林》等；而书院课本有四书五经，乃至先贤文集、理学文集等。在许多蒙学读物中，就以普及方式对这些著作进行基础性介绍，以期学生将来到书院，或府、州、县学读书时对儒家学术及文化内容有基本了解。吴丽娟在《私塾》一书中也认为：“读书是私塾主要的功课，但经书不是儿童入塾时就能读的，必须先读了一定的杂书之后，才开始读经。”第二，清末书院改学堂，学堂课程与书院课程截然不同。

当时在许多地方仍存留私塾、家塾，在这些地方，机构中仍保留着传统文化等课程。第三，塾师多以理学家自命，其生平行事与品质、作风等与书院山长接近。当书院作为一种教育机构退出历史舞台时，私塾在某些层面上承担着书院的教学功能，继续发挥书院的某些作用。第四，个别有财力的家族讲究环境营造，多将私塾设在环境静谧之地，而书院对选址更是讲究。第五，在祭祀方面书院的崇拜对象是孔子，或是当地学派先师、代表，而私塾崇拜的历史人物也是孔子。私塾中堂都设有“大成至圣先师孔子”牌位或孔子画像，学童入学要先祭拜孔子，礼仪庄重、严肃，其形式及教化功能与书院祭祀有相通处。明清时期，以尊经崇儒为宗，私塾里不仅要供奉孔子及孔门诸贤哲牌位，而且须时常敬拜：一是“朔望祀孔”，每逢初一、十五，蒙童须自带香蜡，先向孔子牌位行礼，次向塾师祝揖；二是“圣诞祀孔”，每年在孔子诞辰这天，塾师都会组织祀孔，由蒙童凑钱备办香蜡钱纸火炮寿礼，祭拜孔子。

有人把高层次的私塾称为“私塾式书院”，原因即在此。许多私塾以书院命名，这除了表达一种识别功能以外，也凸显私塾本身对书院文化的认同、向往，以至于这些私塾在教学方法与学生管理制度，乃至自身文化建设方面都一一向书院看齐。

二、闽清私塾钩沉

私塾有很多名称，按私塾等级、教学程度分类，可以分为“蒙馆”和“经馆”；以创建地点划分，则有家塾、村塾、族塾、义塾、学塾，并有家学、村学、学馆、书屋、书房、书塾等名，不同私塾的教材与师资及招生对象也相应有所区别。如家塾，教学地点一般设在家中书房，专教自家子弟；村塾，亦名村学，系由当地村落创办，其地址多选择在祠堂或寺庙中，以招收村中学童为主；义塾是公益事业，也作义学，“义”即公义、慈善，由地方士绅出资，贫困子弟入读免收学费。

新壶村曾经的私塾所在地

一说闽清私塾称“斋头”，其形式分为“家塾”和“民斋”两种。民斋分两类：一是名儒设馆招生；一是当地斋头组织学生上学。[①]明清两代私塾遍布城乡，闽清地区许多世家大族多自办家塾以授子弟，他们创造条件，利用祠堂、

① 刘积香：《闽清风俗》，2002年编印，第91页。

庙宇、民房等地办学。如同治五年（1866），坂东黄明望家设塾学；如“五都炉溪”蔼如书室，曾系邱姓别业，周围景物清幽，后在这里建第二区第十四国民学校。私塾兴盛原因各异，其中官学数量有限是一个重要原因，随着人口数量不断增加，官办府、州、县学便不足以接纳全部生童，所以教育问题自然就交给了书院和私塾。

有关著述对私塾教育皆作过系统研究，本节仅介绍私塾日常课程、为学次序及塾师群体，以补充上述未及，并论述闽清地区历史上的四所私塾。

（一）教材与课程

古代私塾课程多种多样，五花八门。普遍的如“孝弟三百千”等蒙学读物，也有四书五经等节本、选本。私塾教学主要是识字与背诵，或简单理解文义。今以朱熹《童蒙须知》为例，试说如下：

言为学次序：“夫童蒙之学，始于衣服冠履，次及言语步趋，次及洒扫涓洁，次及读书写文字，及有杂细事宜，皆所当知。”

言初学写字：“凡写文字，须高执墨锭，端正研磨，勿使墨汁污手；高执笔，双钩端楷书字，不得令手揩着毫。”“凡写字，未问写得工拙如何，且要一笔一画，严正分明，不可潦草。”

言养成规矩：“洒扫居处之地，拂拭几案，常令洁净。文字笔砚，百凡器用，皆当严肃整齐，顿放有常处，取用既毕，复置原所。”“凡读书，须整顿几案，令洁净端正。”

言读书方法：“正身体，对书册，详缓看字，仔细分明读之。须要读得字字响亮，不可误一字，不可少一字，不可多一字，不可倒一字，不可牵强暗记，只是要多诵遍数，自然上口，久远不忘。古人云：‘读书千遍，其义自见。’谓熟读，则不待解说，自晓其义也。余尝谓读书有三到：谓心到、眼到、口到，心不在此，则眼不看仔细，心眼既不专一，却只漫浪诵读，决不能记，记亦不能久也。三到之法，心到最急，心既到矣，眼口岂不到乎？”[①]

这里再对私塾教材作简要介绍，以反映教学大体内容及效用：

《三字经》是传统蒙学经典读物，成书于南宋年间，传为王应麟所作，历代传诵不衰，影响深远。该书以韵文编成，三字一句，郎朗上口。书中内容涵盖哲学、历史、天文地理等知识及人伦义理、忠孝节义等思想，前人更有“熟读《三字经》，可知千古事”的说法。《百家姓》是北宋初年钱塘一位书生编撰，书中将中华姓氏依韵排成四字一句，以便学童记忆。该书是蒙童识字课本，其内容体现了中华姓氏文化的博大精深，追溯姓氏源流、了解先人事迹意义深远。读此书能增进“木本水源”“敬宗睦族”的家国情感。《弟子规》原为清初学者、教育家李毓秀编撰的《训蒙文》，后经贾存仁修订整理，并改今名。书中内容贴近生活，注重学童生活、学习及日常待人接物的规范，并具体指明对学童言行举止的要求，且给予详细指导，极具实践性。《千字文》系南北朝时期梁朝周兴嗣编纂，全书包括 1000 个不同的汉字（汉字简化后，剩下 990 多个相异汉字组成四字韵文）。书中内容涵盖自然、历史、读书、修身及农艺园林、饮食居住等，文字前后连贯，对仗工整，“如舞霓裳于寸木，抽长绪于乱丝”，读来诗意盎然。该书也受到文人学士重视，历代书法名家，如智永、怀素、欧阳询、赵孟頫等皆临池挥毫，竞相书写《千字文》。《幼学琼林》，原名《幼学须知》，系明朝末年程登吉编纂，后世文人对它屡加修订。因书中罗列很多成语典故，故又称《成语考》或《故事寻源》。书中文字由对偶句写成，易读易记。此书内容赡博，包括古代天文地理、典章制度、宫室珍宝等历史文化知识，前人有“读了《幼学》会看书，读了《幼学》

① （清）陈宏谋辑：《五种遗规》，中国华侨出版社 2012 年版，第 5—9 页。

走天下”的说法。《笠翁对韵》系明末清初著名的文学家、戏剧家李渔编写。该书是古代少年儿童学诗及撰联的入门读物。全书按韵分编，从单字对到多字对，内容涵盖了天文地理、花木虫鸟、历史人文等。《龙文鞭影》是明代萧良友编写，原名《蒙养故事》。清初杨臣诤加以增补修订，遂改今名。全书采用四言押韵的格式，读来郎朗上口。本书取材《二十四史》及历代笔记小说等书，简明扼要地介绍历史上的著名人物及其轶事趣闻，通过学习、了解他们的事迹，以广见闻。《增广贤文》又名《古今贤文》《昔时贤文》，元末明初民间文人编写。清代儒生周希陶对其重新整理后付梓。书中许多格言谚语、名言警句都选自古代重要文化典籍，文句富含哲理，给人警示、发人深省。《名贤集》系南宋以后儒家学者所编，书中汇集了名人贤士的嘉言警句，其中有不少是关于修身齐家的语录，内容反映古人处世智慧与人生经验。《神童诗》旧传为宋代汪洙所撰，后人有增补、修订。其体裁为五言绝句，格律工整，文字浅显易懂，是古代流传较为广泛的学诗范本之一。《历代蒙求》由元陈栎编写。此书简述从开天辟地到元代的历朝兴衰，每个朝代皆述其开国与亡国之君，再提及其间有作为的君主，简单扼要地介绍了历史梗概。在宋元时期介绍历史兴替知识的书中，以这本最为著名，它与《名物蒙求》《性理字训》《史学提要》并称“小四书”。

这些蒙学读物在古代私塾中广泛流行，虽时移世变，但魅力依旧。本节再介绍两种与福州地区有关的蒙学作品——《五言杂字》与《训蒙六字直言》。

《五言杂字》是明代福州文人写的一本通俗读物、启蒙课本，它曾广泛在福州私塾中流传。书中记载历史文化知识，也保存着民间日常生活常识，全书以五言韵语的形式写成，文字简练，雅俗共赏，如：“笔墨纸砚册，儒士莫离身，朝夕勤读写，一字值千金。”“王祥性至孝，冬月卧寒冰，求鲤归奉母，冰上留其形。”“子卿持汉节，出使在虏廷。牧羊边地草，啮雪共食毡。”《训蒙六字直言》又名“六字经”，作者为明代名臣叶向高。书中对人的言行举止等都提出了具体的规范与要求，其中所阐发的孝悌礼让、读书修身等思想，至今仍有重要的意义与价值，如：“切戒闲戏无益，功名只在于勤。君子自强不息，学者须当自新。”

（二）为学次序

许多私塾有相应规章制度与学习计划，讲究循序渐进。元代教育家程端礼编撰的《程氏家塾读书分年日程》对私塾课程作了安排，其内容被明清私塾继承，影响甚巨，从中可见古代私塾为学次序一斑，简述如下：

8 岁未入学之前，日读朱熹《性理字训》和《童子须知》。入学后，先读朱熹《小学》，再读《大学》，然后依次是《论语》《孟子》《中庸》《孝经》。掌握“四书”要领后，再读《易》《书》《诗》《礼》《春秋》并“三传”等经书。至于读经典及教学方法，程端礼指出要注意四个方面，即诵读、背诵、“思”（做到字求其训、句求其义、章求其旨）、“说”（先通说每句大义、后通说每段大义），力求对经典达到烂熟程度。所谓“日程”，是指每日每周的读书计划。“日程”中将一天划分为早上、白昼、晚上三个时间段，又将数天划分为一周。如读经每四天为一周，其中三天读经书，一天习字演文；读史每五天为一周，其中三天读史书，两天温习经、传、注等；读文每六天为一周，其中三天读文章，两天温习经、传、注，一天温习史书。

这种“读书计划”确有极大效用，明清时期许多书院及高层次的私塾将其列为参考。而在元代后也出现了很多种蒙学读物，那些读本成为后来私塾中的流行教材。

从一些人的回忆中，也可以了解私塾教育。

福州人陈彪如（1910—2003）早年曾受私塾教育，他的一篇文章被收

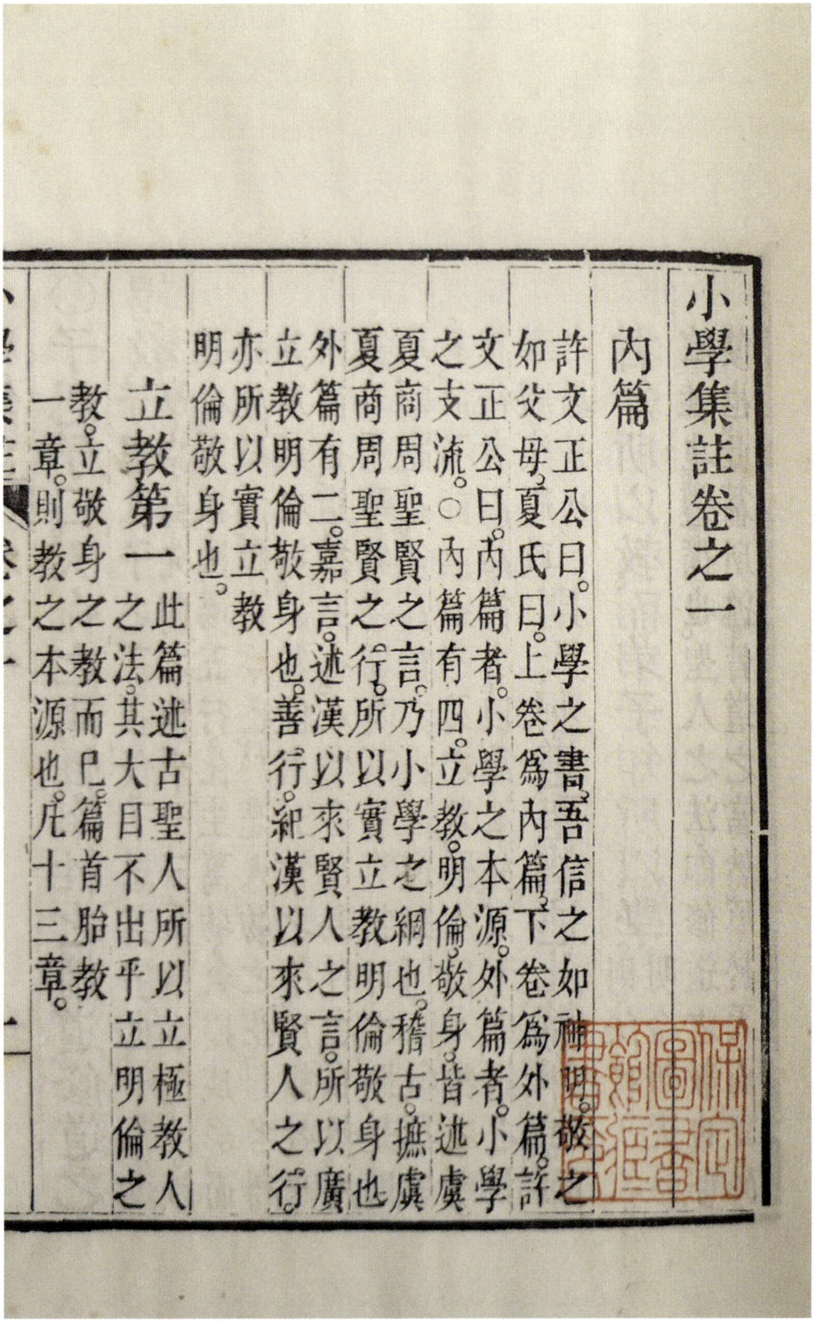
小學集註卷之一

內篇

許文正公曰。小學之書。吾信之如神明。敬之如父母。夏氏曰。上卷爲內篇。下卷爲外篇。許文正公曰。內篇者。小學之本源。外篇者。小學之支流。○內篇有四。立教。明倫。敬身。皆述虞夏商周聖賢之言。乃小學之綱也。稽古。摭虞夏商周聖賢之行。所以實立教明倫敬身也。外篇有二。嘉言。述漢以來賢人之言。所以廣立教明倫敬身也。善行。紀漢以來賢人之行。亦所以實立教明倫敬身也。

立教第一 此篇述古聖人所以立極教人之法。其大目不出乎立明倫之教。立敬身之教而已。篇首胎教一章。則教之本源也。凡十三章。

朱熹《小学集注》书影（清雍正五年内府刻本）

录于《世纪学人自述》中，其中写道：“九岁时我随家移居河北省周口店，进了一家私塾，读四书五经和《古文观止》等书，在线装书里滚打五年。五年封建教育对我的影响是很深刻的。私塾教师异常严厉，他要求不满十岁的儿童苦读诗书，一本一本地背诵，数年如一日。当然，封建糟粕是不可取的，教学方法是不科学的，但那种治学上的严格要求，却使我养成勤奋好学的习惯。在短短几年时间里，我在古典文学方面打下一点基础，完全是靠塾师的辛勤教导与熏陶。时隔六十年，我还经常怀念那位启蒙塾师。”

闽清刘贤任是旧制文泉中学第一届毕业生，后来应刘家洙邀请，至南洋任教，成为马来西亚教育界巨子。其《止翁刘贤任遗作》书中“困心吟草”部分，收录一首《山庄课读》诗，亦能说明蒙童学习情况，录之如下：

居停主人有四子，男三女一都可喜。
女年十五勤女红，长男十四知耕耔。
次男骄养十三年，犹共母亲同卧起。
三童昔日同入学，早出晚归顺亲旨。
自从倭寇祸婆洲，专务愚民学宫毁。
至今幼子亦九龄，之无不识璞未剂。
小时不教性乃迁，噩噩潭潭知何似。
夜深门外绝人踪，课读临时板代纸。
先教字音后字义，熊水为书笔以指。
读音解义两不难，书法前师失正轨。
后横先贤十倒书，作口如圈诸类此。
九牛二虎力徒劳，旧习已牢难遽徙。

（三）塾师

古代私塾老师有的因无功名而教馆糊口，有的短暂以塾师为业以谋稻粱，有的怀才不遇而困厄穷乡，不得已而为此职业，但塾师之成就与社会名望并不都是低人一等，也不乏隐士或辞官者，他们情系私塾，以教育后辈、传承文化为精神寄托。吴寄萍《改良私塾》一文指出："历代大儒，没有一个不是私塾出身，同时没有一个不曾当过塾师。我敢说中国几千年的文化繁衍，私塾要算是中国文化的播种者。这并不是为私塾夸张其辞，实际上他们名垂史册，谁也不容否认。"

《教育大辞典》对私塾词条解释为："一般指私人办的小学。有塾师自设的学馆，有地主、商人设立的家塾，也有以祠堂、庙宇的地租或私人捐款设立的义塾。每个私塾一般只有一个教师，采取个别教学方法，主要是识字教育。学生年龄不一，教材及学习年限都无划一的规定。"私塾老师水平参差不齐，但他们多有科场经历，有一定"功名"。塾师水平高者如后来当上书院山长的儒者郑世恭等，那些人在他们教职生涯最初阶段也任过私塾老师。还有一些学者、著名文人也当过塾师，如蒲松龄、郑板桥、林纾等。而一些乡村塾师的知识水平不高，因为许多私塾只教学童识字，具备基本的对联、书法修养即可，对"经书"讲解不多。由于有这样的群体存在，所以塾师在社会上的身份地位普遍不高，郑板桥有诗云："教读原来是下流，傍人门户渡春秋，半饥半饱清闲客，无锁无枷自在囚。"但至少有相当一部分塾师坚持潜心学术，热爱教育事业。他们不慕名利，不愿做科举傀儡，遂绝意仕途，开馆设学，以传道授业为己任，旨在担负文化传承与研究重任。

闽清士人多有习国学者，但因事迹不显，遂导致罔闻，其中多有任塾师者。他们科举不畅，或无意仕宦，故退守乡关，舌耕养志，以谈经讲道为乐。如陈绥之（字尹安），闽清人，善属文，道光十五年（1835）乙未恩科举人。教育家赵在田先后主持南平道南书院、浦城南浦书院、福州凤池书院。赵在田见其文器重之，延为西席。绥之每教授，在田常从堂后细听，出告人曰：“陈君说经，淹通条贯，不图闽清小邑有此通才。”刘国攀，贫而好学，弱冠游庠，工于“时艺”，著有《孝经浅语》以课童蒙，乡人乐延为师。刘祖端（字为修），博通经史，尤工吟咏，所为文不合时趋，故厄于童试，“至老不售”，于是在乡以授徒为业。刘训诠（号鉴湖），家贫如洗，有时卖文为活。中年出就蒙塾，馆谷不丰，性又耿介，不取非义之财。福宁知府闻其名，延主温麻义塾，循循善诱，诸生莫不敛佩。殁于学舍，是时族叔刘焕光教授福宁，作挽联云：“五九年虀粥安贫，积来半世劳薪，席帽才离，撒手遽辞尘世去；一千里莼羹归梦，帐甚他乡易箦，绛帷宛在，酸心怕作竹林游。”刘训畬（字家达），弱冠有文誉，同治十二年（1873）癸酉科副举人。益勤于学，肄业福州正谊书院，成绩多列超等。后“屡试不售”，遂授徒于乡，负笈者接踵而至。林际煊（号郁岩），光绪十七年（1891）辛卯科副举人，气识高远，学养深沉，为诗文操笔立就，省绅张亨嘉聘为西宾，每称许之。刘钦亮（号聘三），善属文，早岁补弟子员，品性端正。频年舌耕，以馆谷供家计。其教授生徒，深得蒙以养正法，“西宾一席，莫不以先聘为幸”。林韶赓（号籍九），廪贡生。作文构思敏捷，数千言援笔立就，“叶姓为福州望族，多文章宿老，曾延韶赓课其子弟，其为时所推重可知矣”。林霁春（号醉山），光绪十五年己丑恩科举人。工于文，尤善吟咏，“省中巨室多聘主西席，子弟得其训诲皆成通才。且热心公益，尝创办福州女子纺织学校，身任劳怨，乡里称之”。[1]

① 刘训瑺纂修：《闽清县志·文苑传》。

（四）闽清私塾选介

1. 玳琅书室

玳琅书室，位置在“六都玉坂大廊轩”之左，为清刘士杰、刘承春叔侄同建。

书室曾为私塾（或是家塾），刘氏课子弟于其中。书室早已倾圮，但从现存一首诗和一篇文中可以遥想当年画面。

刘懿璋（拔贡）曾作《重过玳琅书室》诗云：

童子咿唔地，伤心两过墟。
独怜梅健在，红蕊向人舒。

如今时过境迁，那株老梅早无影踪。小诗一首是心境的表达，是情感的抒发。而关于书室的历史，还必须借助刘训嘉《玳琅书楼记》来说明。

《闽清县志·文苑传》载：刘训嘉，字沧洲，号绩廷，闽清人。他是文泉书院学生，光绪中，苏人谷、庄鼎元、赵以成、李骏斌诸山长主讲文泉书院，得其文屡拔前茅。其人性严毅，不苟言笑，事亲以孝，爱弟以诚。其课徒悉遵师法，生平于稗官说部靡所不窥，所著《梅杏奇缘》《效颦志异》等书，多脍炙人口，晚以医术闻名。

其笔下《玳琅书楼记》载：玳琅书室“面柯山，枕姬岩，远挹莲峰，近瞻台岫”，整体建筑“不事丹青，不勤黝垩，颇有清幽之致”。室内的陈设简单，“几一、案一、旁列坐位，并无陈设物玩，惟四壁多名人字画”。

文中详细记载书室的格局：“楼作小房二：一为藏书之所，一为下榻之所。西棂三，北牖一，侵晓四开，晨光掩映，鸟声上下，浓阴绿缛，生意满前。”记文中还记录了在书室中的读书生活，当时的生活情景跃然纸上：“客至，清茗一杯，阅古今书籍数帙，相与赏奇析疑而已。”“午睡初醒，茶烟轻扬。披青史，拓《黄庭》，自乐其乐，几不知人世有宠辱事。时值天和气清，长空一色，远山灯火，闪影摇光，吟声琅琅，溪濑互答。一日之内，一宵之间，斯楼之胜概备矣。”“维兹小楼，听雨宜挑灯，当风宜披襟，邀月宜举杯，咏雪宜围炉。”书室环境清雅，作为一个读书人，刘训嘉对这样的环境自觉怡然，说：“昔刘禹锡有陋室之铭，王禹称有竹楼之记，吾楼虽小，吾居之自谓其无所不宜也。”

2. 贻书堂（泰庵先生家塾）

贻书堂是刘氏家塾。刘树业曾作《贻书堂记》一篇介绍有关情况。

据《玉阪刘氏族谱》载，玉阪刘氏中不乏好读书者，族内子弟珍藏祖父辈所传书籍，认真课读，并随手朱点次第，或记录心得，或议论评述，或笺证训诂。家族中有重视教育子弟的良好传统：“刘家祖先有从师的好习惯，如侍讲兼署翰林事康夫公从周希孟学，皇子宫教授兼秘阁修撰藻公从罗豫章学，名贤砥、砺均受业朱文公之门等等。”

贻书堂是一处刘氏园池别业，环境蔚然清秀，幽静闲敞，同时这里也是刘氏家塾。塾中可考的名师就有刘树业与刘玉轩。刘树业唯好书与花，曾言：“自丁酉至己酉一纪蹉跎，岁月半消磨于断简残篇，半驰骛于园林花鸟，喜主人与余有同好，故久而得住焉。”

道光十七年（1837）春，刘树业馆舍此处。此时泰庵先生重修贻书堂，为期一月竣工。重修后的贻书堂室宇幽僻，窗牖玲珑，并有流泉叠石、美竹奇花环绕左右。刘树业与诸侄辈读书于此，平日也在这里聚友清吟。

刘氏子弟在此接受蒙学教育，《贻书堂记》中记载：“主人训子弟甚严，虽家事勿俾预，此谢安所谓欲使其全也。”刘树业在此督导刘家子弟课业，每至闲暇，“相与焚香、煮茗、扫径、浇花，借以为文园馆课之逸事，释平日无聊之烦恼”。同时从这篇记文中，也可窥见其人“乐天知命”的思想，所谓“不差胜世人鹿鹿混迹市尘耶？余思人生富贵功名，莫不有命，与其计赢余，争什一，竞标榜，邀宠荣，孰若教子弟读书养性，娴习世故，以待命之至乎？”

刘玉轩也曾在此教馆，其间作有《贻书堂即景》诗二首，并自注云：“余假馆斯堂已二年矣”。

一

怕近尘氛昼掩扉，一庭花木自芳菲。
堂深却喜藏书好，巷陋无嫌过客稀。
前辈尊罍追白社，少年裙屐集乌衣。
此间颇得幽栖趣，耕砚锄经计未非。

二

负郭贫无十亩田，儒家长物是青毡。
抒怀曾著诗盈尺，小隐聊居屋数椽。
花径每开文酒会，竹林雅慕往来贤。
便便自笑非经笥，忝拥皋比又一年。

贻，即贻留、贻赠之意。“贻书堂”三字寄寓着刘氏族人的教育理念。古云：“黄金满籯，不如教子一经；赐子千金，不如教子一艺。”刘氏家族创建贻书堂，其本意也正缘此。

1922年，坂中村刘婉庄创办私立东庄女子职业学校，并附设有小学及幼儿园，初借坂中村下山垅民房教学。翌年，其父刘灿臣为建造校舍变卖田产，族亲刘玉轩召集族人商议后，由玉阪刘氏宗祠赞助大洋600元，并动用贻书堂旧址，兴建一座土木结构二层楼房作校舍。[①]此一段故事亦

① 福建省姓氏源流研究会刘氏委员会编：《八闽刘氏名村重镇》，2015年编印，第74页。

关系贻书堂，录此以资存史。

贻书堂私塾后来演变为溪东小学（现闽清县第二实验小学），崇文重教之风始终不息。

3. 鹿鸣寺私塾

鹿鸣寺私塾在鹿角山朝演溪一边，左邻钟山寺，为刘氏族人刘大彪所建，时在清嘉庆年间。该小寺院环境清幽，颇助读书。

刘贤任（右）与吴其玉合照（1920年摄于樟湖坂模范小学）

刘贤任（1898—1986）写过《忆儿时学习生活》一篇文章，回忆私塾读书生活。他在10岁至14岁受俞家洙、刘聘岩两位良师栽培。私塾学习的经历，对他而言是终身受用的。他说：“七年私塾所读经书，有很多不了解的，到了有能力自修时，像反刍动物，把草草吃下的青草，细细地反嚼一番，却觉大有味道。”

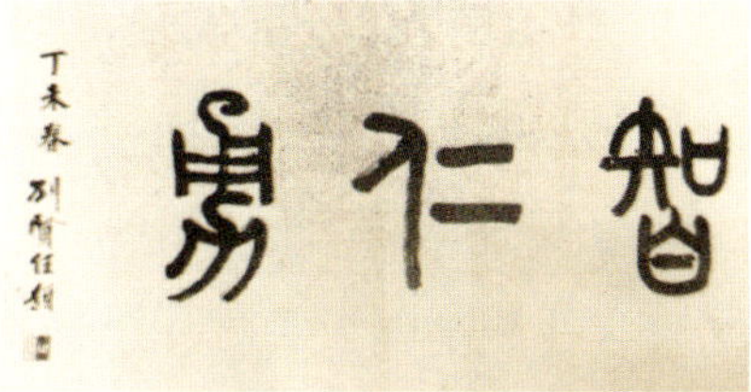

刘贤任书法

俞家洙，十四都霞溪乡人，乡中父老对其敬重有加。其曾教导刘贤仁读四书及《声律启蒙》等书。《声律启蒙》是初学联句范本，对作诗也颇有助益，刘贤任正是在不断诵读中受到中华古典文化的熏染。继俞家洙后，刘父又延请多年出外教读的刘聘岩叔祖回来教课。刘聘岩于《左传》尤有研究，时人称“左癖”。其案头之书是他经常阅览的，如《康熙字典》《纲鉴易知录》《通鉴辑览》《五经体注》《南华经解》《龙文鞭影》

《陈修园医书七十二种》，皆木版大字珍本。他在《龙文鞭影》扉页写下这样的句子："清俸买书手自校，汝曹读之知圣教，隳之鬻之为不孝。"可见其爱书之一斑。刘贤任回忆说，刘聘岩在教授《左传》时不用书本，如讲故事一般，对文义进行讲解，傍晚则教《千家诗》《唐诗三百首》，老师教古文的时间多在晚上七八点。"晚上，平常读到十点，也有十二点的，老师不在时，会更迟些"。

古代私塾、书院教学讲究文字读音，刘贤任即学过这种知识。其回忆道："福州音读法，一个字有八个音，即上平、下平、上上、下上、上去、下去、上入、下入。八音的呼法，刘老师举'公'字为例，并画了回字形的图解。他说一字学会了，什么字都呼得来的。上上、下上同音，故实际上只有七音，凡书中有同形异义的字，读音不同，就在该字某角作一个半圆形符号。比如为善的'为'若作'因为'用，就在'为'字右上角作个符号。又如降落的'降'若作'投降'用，就在"降"字左下角作个符号，余可类推。"

另外在文章中还提到一件有趣的事情，据其文整理如下：

家长对私塾老师都很敬重，每逢节日，都有应时食品馈奉。每年八九月间，举行一次聚餐，称为"光斋"。聚餐的方式为：每位家长都备一色菜肴、一道"饱食"和一壶酒，携来斋中集合开席。餐会上除师生和家长外，还有几位老师柬请的客人。客人趁这个机会，为塾师微薄的束金礼貌地向家长提出调整请求。客人的意见大都得到家长接受。

4. 宝谷寺塾学

位于二都（今云龙乡）邑东南古道旁的宝谷寺，兴于宋元。该寺不仅是二都平原唯一的佛教圣地，在传播佛教文化、教化民风上有过重要影响，而且还是二都古代教书育人的摇篮。《昙溪校史》等史料记载，昙溪学校未创办前，宝谷寺长期办有塾学，聘请诸如三都的才子许祖植等名师，培养出一批批二都学子。清末，有二都秀才“五甫”之称的徐章甫、蒋少甫、邓益甫、徐绩甫、陈正甫就出自宝谷寺塾学，后多人参与民主革命运动。2005年版《闽清县志·人物传》载：徐章甫学业有成后，又反哺宝谷寺塾学，在此教书育人。后来，徐章甫在与江畲经、黄乃裳等人的交往中，受维新思想影响，毅然放弃科举，转而追求实业图强。

《昙溪校史》等史料又载，1903年，以“五甫”为主的有识之士在二都台鼎创办昙溪学校之初，经费十分紧张，宝谷寺变卖寺产所有松林，捐资办学，为昙溪学校的开办雪中送炭。时有民谣颂道：“昙溪学校办台头（台鼎），宝谷寺松柏空（挖）毛头（连根挖掉之意）”，足见宝谷寺为二都教育事业做出的贡献。

5. 后垅私塾

闽清云龙乡中心小学前身为后垅私塾（1919—1936），后改名后垅学堂。

据后垅《徐氏宗谱》记载：1919年，族人议建宗祠时，即将祠堂按学校用途设计。私塾招收本村各姓子弟就读，学生的年龄和程度参差不齐，采取分别授课方法。每年正月上旬，由斋头串连村中有子女可上学的家长募集学费，并据学生年龄大小及家庭经济状况，以自愿原则进行募集（经济稍好者每年收5~10元，贫者收3~5元）。书斋设于徐氏宗祠楼下，讲堂中是祠堂用的八仙桌。学生到校即检查昨天所教授的字、文，继而教新课，布置写字等作业，年龄稍大者，亦教打算盘背口诀“一上一，二上二，三五落二，四五落一，五除五进一”等，放学前检查学习情况。教材以《三字经》《千字文》《五言杂字》等为主。

6. 其他私塾

明清时期，闽清私塾最兴盛时达90余所。许多私塾后来演变为小学，

今据《福建省闽清县教育志》记载梳理如下，以备查考：[①]

樟洋小学，位于洋头隔，前身为 1912 年刘清春、林家骥等所创办的私塾。

建兴小学，位于龙兴村，前身为 1931 年所创办的私塾。

下庙初小，位于下庙村，于 1911 年创办，1948 年复办私塾。

鳌峰岭初小，位于毛天岭，该校此前亦为私塾。

大西坑初小，位于大段新厝，1923 年曾为私塾。

下炉小学，位于尾洋坊，1909 年曾办私塾，校址在文昌阁。

上半山初小，位于上半山自然村，1921 年曾办私塾。

园头初小，位于园头村，1916 年曾办私塾。

东坑初小，位于（东坑）村委部，1931 年曾办私塾。

古洋小学，位于古洋村，1937 年曾办私塾。

攸太小学，位于攸太村，1930 年为私塾。

井后小学，位于上中村，1936 年办私塾。

田地初小，位于田地村，1952 年办私塾。

仁周小学，位于仁周村，1947 年办私塾。

翠坑初小，位于翠坑村。1932 年办私塾。

鼓舞小学，位于十字路，1936 年办私塾。

溪源初小，位于溪源村，1923 年在里洋油坑办私塾。

湖坪初小，位于湖坪村，1937 年至 1966 年办过私塾和民办学校。

前坪小学，位于前峰自然村，1947 年办私塾，校舍在黄氏宗祠。

王洋小学，位于王洋村，民国前期办私塾。

炉前小学，位于和尚崙，民国时期办私塾，校址设斋头家中。

① 福建省闽清县教育局编纂：《福建省闽清县教育志》，1999 年编印，第 97—197 页。

塘下初小，位于塘下村，1941 年创办塘下私塾，校址在刘氏祠堂。

玉水初小，位于玉水村，1940 年办私塾。

天池初小，位于天池村，1935 年办私塾，校址在本村崙坪厝。

谷口小学，位于谷口村，1936 年办私塾，校址在丰端厝。

际峰初小，位于君门阁，1942 年创办私塾斋。

佳垅小学，位于佳垅村，1937 年创办私塾，校址设佳垅水房里。

山限初小，位于山限村，1939 年创办私塾。

南院初小，位于南院村，1936 年办私塾。

过山畲初小，位于过山畲，1942 年办私塾。

前流初小，位于前流村，1934 年办私塾。

安仁溪小学，位于安仁溪村，1930 年办私塾。

村后初小，位于村后村，民国时期办私塾。

岗子头初小，位于岗子头，1947 年办私塾，校址在岗子头理楼。

洋头小学，位于洋头村，1935 年办私塾，校舍在洋头村祖厝。

尚坑初小，位于尚坑村，1948 年办私塾。

三、文庙与书院

孔子被尊为至圣先师，历代皆给予他很高的荣誉。西汉初，汉高祖刘邦过阙里以太牢祀孔子，将他当作杰出教育思想家来纪念。东汉时，朝廷把祭孔子列入国家正式祀典，祭孔典礼庄严神圣。在古代官学中，释奠先圣先师之礼成为一种定式。《礼记·文王世子》云："凡学，春，官释奠于其先师。秋冬亦如之。凡始立学者，必释奠于先圣先师。"随着历史发展，尊孔之风日盛，仪式亦愈加隆重，明宪宗曾说："自孔子后，有天下者无虑十余代，其君虽有贤愚之不同，孰不赖孔子之道以为治？其尊崇之礼愈久而愈盛。"清代时连帝王都要对其行三跪九叩之礼。以孔子

闽清文庙大成殿

大成殿内景

为代表的儒家学说历久弥新，且在新时代中焕发出新的生命力。在儒学传播史上，这点是一脉相承的，前人云：“一江流浩瀚，千圣接孤心。”孔庙设置遍布全国。作为儒家先圣纪念地，它不仅是地方上的一处普通古建筑，更是当地圣域。

宋景德四年（1007）左右，闽清文教史开启新的一页。时任闽清知县史温勤政爱民，悉心治理县政。史载：“岁逢丰年，教育百姓储粮备荒，凡不急之用、非礼之费不事铺张，民得以安居乐业。”任上，他筹划建立闽清文庙，规模粗具，始名“礼殿”。

闽清文庙位于梅城镇南北大街北段，黄长镳《浅谈闽清文庙的保护和利用》一文指出，这座文庙“历史上是福建省内仅次于安溪文庙的第二大县级文庙，是福州地区规模最大、始建最早、保存最好的县级文庙”。闽清文庙历代经 25 次修建，民国时期文庙为县参议会所在地。抗日战争时期，中共地下党人项南、舒诚等在文庙领导“战时民教工作队”，开展抗日救亡运动。中华人民共和国成立初期，县兵役局、总工会曾设于此，以后又被用于办工厂，围墙拆除，泮池被填，毁损严重。1981 年 10 月，闽清县人民政府将其列为文物保护单位。2020 年 9 月，政府总投资 680 万元，对文庙内的戟门、左右廊庑、大成殿等进行修缮，并整治周边环境。现存大成殿及两庑、明伦堂为清咸丰十一年（1861）重建。此前闽清县政协所编《梅城记忆》一书中对此有相关记述。

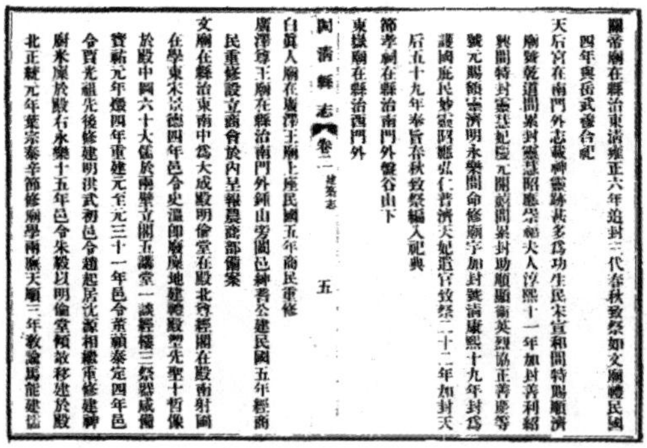

關帝廟在縣治東清雍正六年追封三代春秋致祭如文廟禮民國
四年與岳武穆合祀
天后宮在南門外志載神靈跡甚多爲功生民宋宣和間特賜順濟
廟號乾道間累封靈慧昭應崇福夫人淳熙十一年加封善利紹
熙間特封靈慧妃慶元間累封助順顯衛英烈協正善慶等
號元賜額靈濟明永樂間命修廟宇加封號清康熙十九年封爲
護國庇民妙靈昭應弘仁普濟天妃遣官致祭二十二年加封天
后五十九年奉旨春秋致祭編入祀典
節孝祠在縣治南門外盤谷山下
東嶽廟在縣治西門外
閩清縣志 卷二 建築志 五
白眞人廟在廣澤王廟上座民國五年商民重修
廣澤尊王廟在縣治南門外錘山旁閩邑紳耆公建民國五年經商
民重修設立商會於內呈報農商部備案
文廟在縣治東南中爲大成殿明倫堂在殿北尊經閣在殿南射圃
在學東宋景德四年邑令史溫即廟廡地建殿塑先聖十哲像
於殿中圖六十大儒於兩廡立閣五講堂一讀經樓三祭器咸備
寶祐元年燬四年重建元至元三十一年邑令秦顯泰定四年邑
令賈光祖先後修建明洪武初邑令趙起居沈源相繼重修建神
廚米廩於殿右永樂十五年邑令朱毅以明倫堂傾敧移建於殿
北正統元年葉宗泰辛節修廟學兩廡天順三年教諭馬能建儀

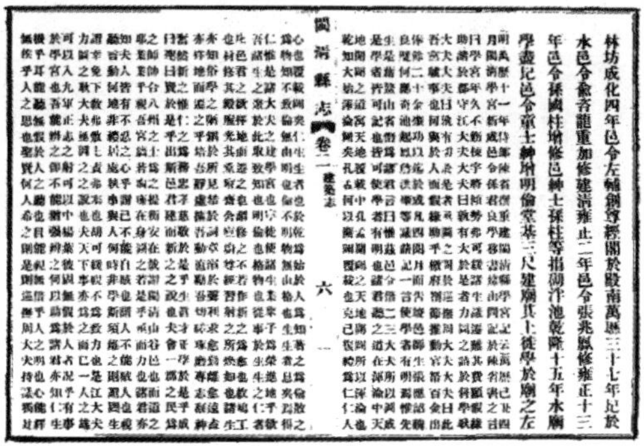

民国《闽清县志·建筑志》中关于文庙的记载

楼建龙《福建古代文庙建筑营造手法的规范性与区域性》中对文庙数量作过统计：“明代全国有各级文庙约 1560 所，清代增至 1800 多所。保存至今的海内外孔庙、文庙，据不完全统计，总数仍有 1300 多座。按《中国文物地图集·福建分册》所录，福建境内现有府、县、乡域三级文庙建筑约 35 处，其中主体建筑大成殿保存完好的约有 26 处。”闽清文庙有重要的历史价值、艺术价值和现代教育价值。关于文庙规制，据乾隆《闽清县志》“学宫图”，可知该时期闽清文庙有万仞宫墙、棂星门、戟门、大成殿、崇圣祠、尊经阁、学署、泮池、明伦堂、香雪亭等建筑设置。这些建筑都象征着一种文化：万仞宫墙，意出《论语》：“子贡曰：‘譬之宫墙，赐之墙也及肩，窥见室家之好。夫子之墙数仞，不得其门而入，不见宗庙之美、百官之富，

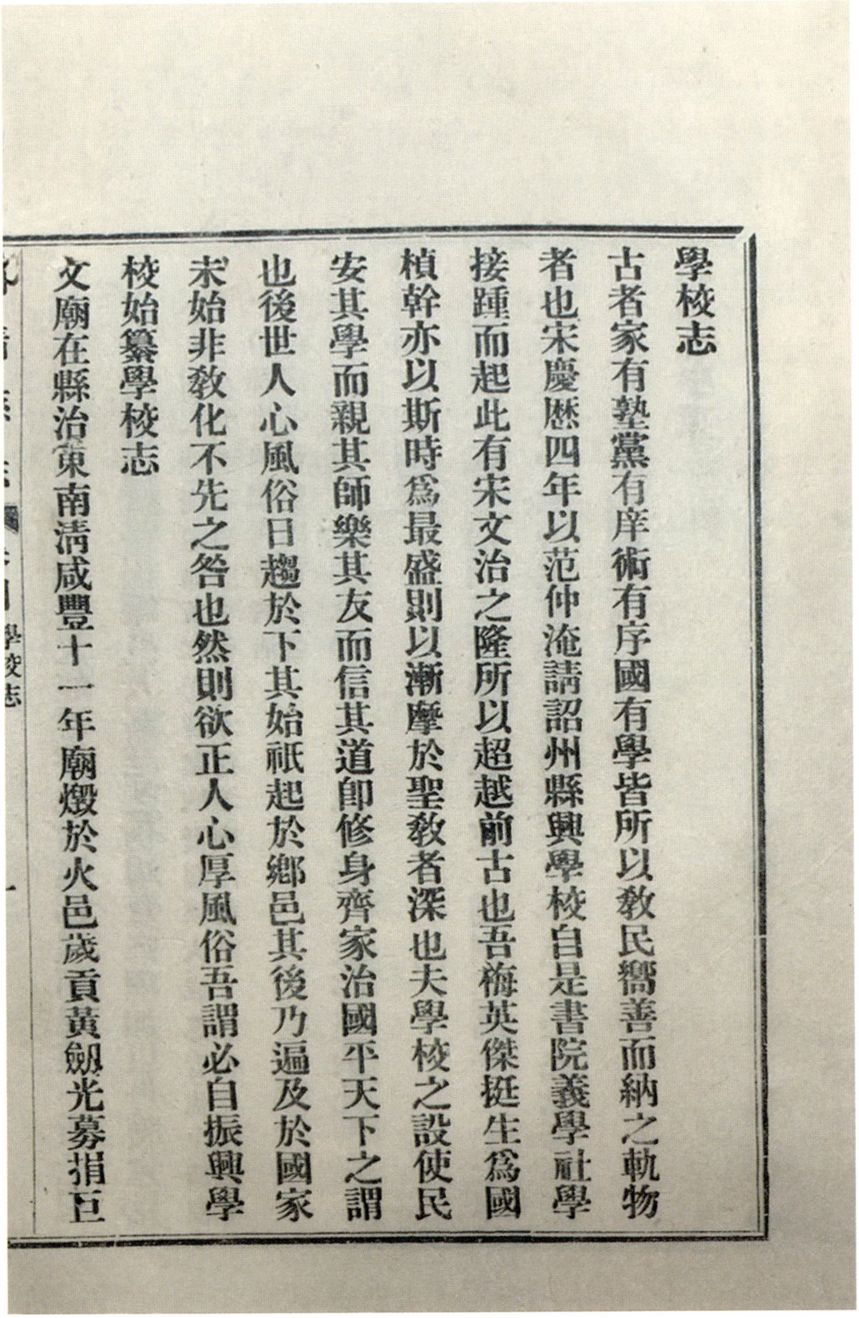

學校志

古者家有塾黨有庠術有序國有學皆所以教民嚮善而納之軌物者也宋慶歷四年以范仲淹請詔州縣興學校自是書院義學社學接踵而起此有宋文治之隆所以超越前古也吾梅英傑挺生爲國楨幹亦以斯時爲最盛則以漸摩於聖教者深也夫學校之設使民安其學而親其師樂其友而信其道卽修身齊家治國平天下之謂也後世人心風俗日趨於下其始祇起於鄉邑其後乃遍及於國家未始非教化不先之咎也然則欲正人心厚風俗吾謂必自振興學校始纂學校志

文廟在縣治東南清咸豐十一年廟燬於火邑歲貢黃劔光募捐巨

民国《闽清县志》书影

得其门者或寡矣。夫子之云，不亦宜乎？’”故以此四字赞颂孔子学识渊博高深；棂星门是文庙中轴线上的建筑。皇帝祭天时，须先祭棂星，此设置象征祭孔如同尊天，意谓孔子道德学问可与上天施行教化媲美，也暗喻天下文人学士皆汇集儒学门下，该建筑为孔庙增添了肃穆氛围。戟门亦代表着对孔子的尊崇。唐制“凡官、阶、勋俱三品者得立戟于门”，后以戟门代指显贵之家。宋太祖赵匡胤为表示尊孔敬儒，令全国各地文庙施行立戟礼制。宋徽宗赵佶即位后再兴尊孔敬儒之风，将全国各地文庙中戟门所立之戟增加到 24 支。明清时期，文庙内立戟数量仅次于社稷坛。泮池，亦名泮水，是孔门一种文化象征，各地庙学与一些书院皆有此设置。大成殿为祭祀孔子的主殿，北宋崇宁三年（1104），徽宗赐名祭祀孔子的主殿为大成殿。崇圣祠为祭祀孔子父母场所。尊经阁是藏书之地，阁名“尊经”，表达对典籍的敬畏之情。明伦堂是教育学生的场所。孟子曰：“设为庠序学校以教之。庠者，养也；校者，教也；序者，射也。夏曰校，殷曰序，周曰庠；学则三代共之，皆所以明人伦也。”学署为教谕署、训导署部门驻地。总而言之，文庙通过整体环境与祭祀仪式塑造出肃穆氛围，从而潜移默化影响士人，并令其生发尊师重道、崇德报功之情。

孔庙与各地官学结合，形成“庙学合一”规制，一说庙学建筑配置在宋元之际已基本定型，至明形成定制。时人在文庙明伦堂办县学，教授四书五经等儒家经典，入学士子称庠生。历代每次修建孔庙时官方皆寄托良深，当地主官及有识之士无不借机重申儒学教义，如陈省在《重建闽清县学宫记》中言：“孔子洙泗之传独归颜子。颜子之学，克己复礼，雷厉风行，渣滓化矣，新之也。天下归仁，决于一日，识不早，力不易也，果而确，斯无难矣。由人乎哉？甚矣！诸大夫之有事于学宫也，夫固望诸君之可为颜子也，诸君请益焉。”詹洪基《重修文庙并新置学田碑记》中云：“况吾邑之先，忠厚如许冲元父子，礼乐如陈祐之兄弟。英声茂烈，

明伦堂

名都先达，曾未多出其右。诸士子安可以山谷自画也？学于斯，师于古，久之，身立名成，以光阐其勋问，庶下不负所学，而上不负我侯优待之意。”

孔庙的先贤先儒在历史上多对儒学发展产生重要影响，传承典籍、发扬儒学者更不乏其人，以下介绍孔子及“四配”等人著述。

文庙中孔子塑像两侧为“四配”，分别为“复圣”颜子、“宗圣”曾子、“亚圣”孟子、“述圣”子思子。他们的著作正是2000多年来读书人所毕生钻研、倾注心力的书籍，这些书籍也是书院中的主要教科书。

我国古代把图书分为“经、史、子、集”四类，而“经书”具有普世价值，历代学者都对这类著作给予很高评价。而谈论“经”这一部分，不得不先说“六经”。许多学者认为孔子晚年修订诗书，整理《易》《诗》《书》《礼》《乐》《春秋》这六部典籍，所谓“删述六经，垂宪万世”。将这几部书说成是“经”，始见于《庄子·天运篇》：“孔子谓老聃曰：‘丘治《诗》《书》《礼》《乐》《易》《春秋》六经，自以为久矣。’”①

① 杨伯峻：《经子浅读》，中华书局2016年版，第3页。

文庙建筑一角

先秦有《乐经》，但不幸遭逢秦火，自汉以后，儒者相传，俱言五经。《礼记·经解》中提到了“六经”的特性及作用：“孔子曰：‘入其国，其教可知也。其为人也，温柔敦厚，诗教也；疏通知远，书教也；广博易良，乐教也；洁静精微，易教也；恭俭庄敬，礼教也；属辞比事，春秋教也。故诗之失，愚；书之失，诬；乐之失，奢；易之失，贼；礼之失，烦；春秋之失，乱。其为人也，温柔敦厚而不愚，则深于诗者也；疏通知远而不诬，则深于书者也；广博易良而不奢，则深于乐者也；洁静精微而不贼，则深于易者也；恭俭庄敬而不烦，则深于礼者也；属辞比事而不乱，则深于春秋者也。’”《周易》是一部博大精深的哲学著作，它是古代人民的智慧结晶，素称“群经之首”，其成书经过有“时历三古，人更三圣”之说。孔子以人文思想阐述《周易》，揭开这本书的神秘面纱。《尚书》是我国古代历史文献，书中记载唐、虞、夏、商、周时代的君臣言论及当时大事，是古代统治者治理国家的政治课本，也是历代帝王治国宝鉴。《春秋》系鲁国编年史，记载自鲁隐公元年到鲁哀公十四年间 200 多年历史，系我国最早的一部编年体史书。因为《春秋》文字过于简略，故后来出现解说《春秋》的三部历史著作，即“春秋三传”。《仪礼》记载了当时冠、昏、丧、祭，朝、聘、燕享等典礼中的具体仪式内容，是研究中国古代社会生活史的重要典籍。此书在汉代以前称《礼》，后称“礼经”，它与《周礼》《礼记》并称“三礼”。《诗经》，又名《诗》《诗三百》，是中国最早的一部诗歌总集，书中收录了从西周初年到春秋中叶的诗歌 305 篇。孔子极重视“诗教”，曾云：“小子何莫学夫诗！诗，可以兴，可以观，可以群，可以怨。迩之事父，远之事君，多识于鸟兽草木之名。”而《论语》一书较为集中地体现了孔子思想，《论语》二十篇以语录体形式记录孔子及其弟子言行，内容蕴含哲思，字里行间透出其光辉思想与崇高人格。这部书代表着中国文化根基，备受重视与推崇。《大学》传为曾子所作，该书曾被古人誉为“入德之门”，书中所阐发的尊重历史、尊重道义及人文关怀等思想与意识，有着很强的现实意义。《中庸》传为“子思忧道学之失传”而作，书中论述儒家修养，宋代大学者程颐曾解释说：“不偏之谓中，不易之谓庸。”古人认为“中庸”是天下正道、正理，并且认为这部书是“孔门传授心法之书”。《孟子》记载孟子及其学生的言行、思想，一说由孟子晚年和弟子万章、公孙丑等编著。孟子继承并发展孔子学说，人们把儒家文化称为“孔孟之道”。《孝经》文字体量小，但孝道被历代皇帝重视，由“孝”以劝“忠”，由是亦在“十三经”之列。《孝经》传为孔子所作，班固《汉书·艺文志》云：“《孝经》者，孔子为曾子陈孝道也。”（一说曾子作，另一说为先秦儒者作）全书以孝为中心，全面论述儒家孝文化思想。孔子云：“吾志在《春秋》，行在《孝经》”。“这些书都是儒学基本典籍，这是封建社会的文化灵魂。它们是历代统治者制定国策的理论依据，是士农工商各色人等齐家立身的行为规范。”[①]

这些经典在中华文化史上占据重要位置，且是文明发展历程中对社会影响最广泛、最深层的内容之一。经典中的教义正是书院所不断强调的，这是中国书院精神的核心。

① 张岂之、周天游编：《十三经注疏整理本》，上海古籍出版社 2013 年版，第 1 页。

附　录

一、诗

龙冈秋月

（清）姚循义

龙冈何崔嵬，散步得秋月。
俯视城郭闲，炊烟荡林樾。

鹿坂书院八景诗

（清）林宗懋

东皋月出

四山涵彩色，月自阁东生。
窈窕欣先得，徘徊玩独明。
浮光千里彻，静影一轮莹。
试咏梁皇赋，临风倍寄情。

南浦云飞

何物称灵怪，山川出白衣。
英英溪上起，漫漫月边飞。
苍狗穿华栋，奇峰接翠微。
莫言肤寸合，能作雨霏霏。

寒山远火

远岫环书阁，闲观火出岑。
烟光冲碧汉，霞彩吐青林。
寒极还生热，山高已伏阴。
自明还自灭，消息入人心。

浅濑轻舟

飘飘驾一苇，倏忽过楼西。
驰马逸千里，飞凫逐五溪。
无烦施鹢首，不暇听猿啼。
欲拟莲舟渡，真人太乙齐。

露苗布野

一望平原里，秧针插满町。
傍山皆吐绿，近水亦涵青。
渐看苗而秀，遥知硕既庭。
昨宵甘雨降，击鼓赛神灵。

霜叶铺林

闻道枫林晚，经霜叶似花。
山情宜素月，秋色看明霞。
带雨流丹濑，随风入绛纱。
寂寥堪一慰，过客漫停车。

溪边碓影

天工堪借用，米碓峙乡村。
水运一轮转，风传千杵喧。
制仍遵断掘，术已妙羲轩。
虽属机心事，还开方便门。

阁上书声

天禄郁岩峣，书声破寂寥。
郎吟回斗宿，高唱入云霄。
孰鼓湘灵瑟，谁吹萧史箫，
余音频绕阁，应有杖藜招。

龙江书院

（清）林兆昂

溪流如驶复如环，百里来趋郭外山。
闻道江头钟闲气，春涛秋浪见龙还。

——刘训瑺《闽清县志·学校志》

示诸首事诗

（清）方亨衢

鼎峰矗以直，梅水行以折。扶舆蓄灵气，应候产英杰。
在昔赵宋间，伟人继掀揭。二陈著作宏，千岩诗笔绝。
冲元裕政绩，师雍厉风节。一时蔚然兴，缕视难称说。
奈何后起者，苦不逮前哲。盛朝重甲第，百年惟一列。
前顾殊茫茫，循途渺无辙。巍峨青云梯，可望不可掇。
遂令志学辈，翘首还气结。碧洲诚名宿，六艺富采撷。
壮岁蹶春明，白首未肯辍。老骥曾风尘，霜蹄竟超轶。
泥金一朝捷，顿使我心悦。念兹占毕伦，相视肠内热。
心仪藉以坚，踵继兆可决。坠绪此焉在，绵绵等瓜瓞。
经畬信有灵，粪种还须切。莫漫诿天运，端赖人功竭。
谁无阶前树，转瞬琼枝茁。所务培其根，干霄起萌蘖。

君乃邑之望，骥子驰金埒。高冈蔚乔松，余荫遍云岊。
梗楠看森立，桢干起阀阅。古人尚可追，勖哉绍前烈。

——刘训瑺《闽清县志·建筑志》

盆莲奉送苏性泉山长

刘训瑺

不受淤泥半点侵，亭亭净植涤尘襟。
吹嘘全仗春风力，涵育难忘化雨心。
弱质何堪当雅爱，名花从此得知音。
濂溪崛起先生继，韵事流传合古今。

——刘训瑺《刘玉轩诗文选》

《贻书堂即景》二首

刘训瑺

一

怕近尘氛昼掩扉，一庭花木自芳菲。
堂深却喜藏书好，巷陋无嫌过客稀。
前辈尊罍追白社，少年裙屐集乌衣。
此间颇得幽栖趣，耕砚锄经计未非。

二

负郭贫无十亩田，儒家长物是青毡。
抒怀曾著诗盈尺，小隐聊居屋数椽。
花径每开文酒会，竹林雅慕往来贤。
便便自笑非经笥，忝拥皋比又一年。

山庄课读

刘贤任

居停主人有四子，男三女一都可喜。
女年十五勤女红，长男十四知耕耔。
次男骄养十三年，犹共母亲同卧起，
三童昔日同入学，早出晚归顺亲旨。
自从倭寇祸婆洲，专务愚民学宫毁。
至今幼子亦九龄，之无不识璞未剂。
小时不教性乃迁，噩噩潭潭知何似。
夜深门外绝人踪，课读临时板代纸。
先教字音后字义，熊水为书笔以指。
读音解义两不难，书法前师失正轨。
后横先贤十倒书，作口如圈诸类此。
九牛二虎力徒劳，旧习已牢难遽徙。

二、联

文泉书院联句

词源流演水；
文笔占柯峰。

——书院大门联

文在兹；
泉始达。

——书院门联

及锋而试一枝笔；
掷地有声百炼金。

——魁星楼联

为八闽主宰文章美之，威凤祥麟亦根孝友；
考六星下应将相丽乎，左龙右虎岂第科名。

——文昌宫联

驾孔郑训诂，诸儒穷理致知，河洛心源真可接；
任王陆纷纭，吴说熟仁丰义，沧州精舍此重开。

——朱子厅联

醵酒祝长生，有老幼无主宾，当伏腊岁时邀来里社；
翰田建精舍，籍菑畲为经训，愿连镳科第看到云礽。

——长生禄位厅联

鱼贯正登堂，愿鼓腊扬发，此去成龙原瞬息；
蚕声齐食叶，想抽丝剥茧，即云术蛾亦精勤。

——考棚点名桌正面联

朔源自邹鲁而开，颍川棣萼许国犁栌史乘奇才犹荟萃；
行文得山水之助，梅树清溪莲花古岫女牛分野正辉煌。

——考棚廊柱联

以义为质，以礼为文，读七经廿四史诸书，佩其华术其实；
如党有庠，如州有序，合九族十六姓入学，下比舞上比歌。

——考棚廊柱联

有会自悠然，相看铁杵磨成，原为老妪；
不疲亦乐此，每对青灯味永，犹似少年。

——讲堂联

万选重科名，烂若披锦，灿若简金，信是文章华国；
五伦即学问，带经而锄，负草而耨，不外孝悌力田。

——讲堂联

析疑则一字可师，若柳篌李楼，试问其人有几；
寻芳在十步之内，过芹山柽岭，始知何地无才。

——讲堂联

鼎峰山麓朱子祠联

往圣接心传，想当年讲业深山，洙泗渊源梅水衍；
后儒宗正学，念今日存神此地，考亭脉络鼎峰高。

——方亨衢

三、文

龙江书院碑记

昔少詹事益阳胡云阁先生纂《弟子箴言》十四卷，其嗣文忠公师其意，建箴言书院于其乡。湘江曾文正公为之记，谓足以绍汉之十三家，法宋之洛闽渊源。咸同之间，海内颂中兴伟业，推两湖人才之盛，而其时胡公开府湖北，实以扶植人才为己任，盖胡氏父子再世育才之意至不可及矣。窃惟天之生才，语其终足以经纶宇宙，维持风化，出为国家缓急可恃之人。而其始则必为之端其所习，使之不入乡党轻佻之习；而后扩其器识，足语经世之业，而国于是不以乏才为患。自世之衰，《诗》《书》《礼》《乐》之泽，不行于州党闾比之间。学校之地，足以引人利禄之途，不足以造有用之学。而士生于今日，非明中外古今之故，则不足以通时达变，储为国器。而立身行己未植其本，则近世所号称通才者，其人亦未必可用。然则以今育才之失其道，成才之难如此，又丁国家需才之时，凡乡邑之间，苟可以与于造才之事，固将萃吾党后进之英而大淑之，以庶几于异日报国之业矣。闽清鼎峰书院，始为阖邑弦诵之地，岁月浸久，废而不举。同邑之人虑才之不昌，而俗且以固也，于是纠合耆士谋复其旧，而力不克任。乃以甲申之岁，请于邑令丁公，先自一都之地纠资，以为之倡，更其名曰“龙江”；既而二都樟峰、白云渡、下炉各乡共赞成之。计其规模，于邑之中仅得十之一二。追维创始之时，合诸君子以任劳怨，重以丁公之鼓舞董劝，五易寒暑，始竟其事。尚冀好义，君子推而广之。学者能见夫此，各自淬励以底于成。异日所造视胡公之于益阳未知何如，而其立体达用之意，不以世俗之学暴弃其身者，亦庶几乎胡公箴言之意矣。至其所有乐输诸君，及所置产业别条其事泐之，故此不详。

——刘训瑺《闽清县志·学校志》

题捐各姓名刊后

县正堂高筹充银畨百一十员；课馆递年每月捐钱二千文；时菓帮聂廷芝各捐银二百五十两；谢道典（子/孙）捐银一百九十两；谢考扬（子/孙）捐银一百八十两；徐本典（子/孙）捐银一百三十五两；陈超爵（子/孙）捐银一百二十七两；毛子成（子/孙）、黄则孔（子/孙）各捐银一百二十两；林梦清捐银一百一十两；陈大祥（子/孙）捐银一百零六两；温贞峰、詹鸿庚、陈治纪（子/孙）、陈顺爵（子/孙）各捐银一百两；许春礼、吴寿康、刘希鹏、刘家才、陈建谟（子/孙）、张华恭（子/孙）、邓从舜（子/孙）各捐银八十两；邓际虞捐银七十五两；刘保棠、林邦昌、侯懿德（太原）、温姓黄孝冬、詹光铨、张彬柱（子/孙）、张维贤（子/孙）各捐银六十两；陈朝陛捐银五十五两；王其明捐银五十四两；刘训年、张德昌、詹登捷（子/孙）各捐银五十两；邓周基（子/孙）捐银四十六两；林邦光捐银四十五两；黄立朝（子/孙）、夏汝梅（子/孙）各捐银四十二两；吴子垂（子/孙）、蔡仁灿（玉山）、池姓姚永财、黄本祥（子/孙）、毛学理（子/孙）、黄述庭、蒋九皋（子/孙）、徐朝溪（子/孙）各捐银四十两；黄宗玉（子/孙）捐银三十六两；徐东凤捐银三十三两；

温习柔捐银三十二两；刘培起（子/孙）、林克敦、林爋、张则鸿、温葆初、刘希镕、朱仲、林文述（苍山）、邓姓陈贻彩（子/孙）、张道周、许吉元、毛加元、李敬德（子/孙）、刘周瑾（子/孙）、李大榜（子/孙）、李公福（子/孙）、张玉秋各捐银三十两；张为湘捐银二十五两；谢思拔、严盛礼（子/孙）各捐银二十四两；陈宪森捐银二十三两；明礼堂聂、张应享、刘裕福、郑珠清、温习彬、张立廷、王京显（子/孙）、郑守贞、郑清赐、郑传礼、郑清礼、俞传恭（子/孙）、谢修立（子/孙）、张翼程（子/孙）、严元辉（子/孙）、章天鼎（子/孙）、吴宝搏、张道金、张国瑞、刘训忠、陈贻敏、陈鹏炽、黄道经、傅维栋、吴祥云（子/孙）、侯捷春（子/孙）、黄日顺、唐英如、陈元发、陈元宴、陈章天各捐银二十两；徐东时捐银一十八两；严盛乐捐银十六两；聂廷铨、张则驹、黄道尧、尹新让、吴芹若、刘道珪、陈松龄、陈公准、黄建祖（子/孙）、黄成康、邓大敏、邓大谟、陈大节、许习雄、翁能咏、李明信、刘时户（子/孙）、夏建猷、龚允华、罗本宏、邓大衍、罗性珠各捐银十五两；陈本生、池春长各捐银十四两；徐东翼、李居廷各捐银十三两；徐东梅、卢功烈、吴恩谟各捐银十二两；池诗调（子/孙）捐银十一两；刘世英、刘家桢、蔡为瑄、罗长清、蔡华刚、温习启、陈道美（子/孙）、许思雅（子/孙）、卢燮、张翼翀、林藩、林植芝（子/孙）、张清英（子/孙）、陈昭祥、聂才刚、张则刚、谢用福、陈长林、许发弟、许连官、陈功会、王而端（子/孙）、王道元、龚典才、张存球、许文明、张道积、陈幹朝、黄成仁、黄成进、张为绪、黄本习、黄道翰、张其仪、黄日连、池波容、张华清、刘孝富、黄本清、俞位长、吴章乐、李克珠、刘瑞麒（子/孙）、张赞举、张善、李銮忠、李居兰、蒋友可、刘作松、郑聪生（子/孙）、许登魁（子/孙）、刘梦熊（子/孙）各捐银十两；张尔文、刘明恭、刘高明各捐银八两；甘志仁、苏春生各捐银七两；张则良、朱长栋、黄锦尧、郑守谋、张火恭、张恭哲、李传扬、罗本安、林兴旺各捐银五两。

续捐：

毛礼和（子／孙）捐银四十两；黄孔理（子／孙）捐银二十两；张锐廷（子／孙）捐银十两；朱成斌捐小洋一十元；

外附：

邓周梅（子／孙）捐银四十两，交钱五千六百一十六文；许家生捐银十两，交钱二千七百六十文；

公置米朧田租各实业载后（文略）

光绪二十九年冬十月 龙江书院公立

——《龙江书院志》（清光绪木刻本）

文泉书院记

（清）胡庆荣

邑之六都，平原沃壤，风俗朴淳。计所辖村落，读书者不少。因距城六七十里，惮于远涉，素未来城附课，师心自用，绝少观摩，文学之功，安得日新月盛？就地老成之有识者，久思在六都添设书院。商告历前县，非不韪之，无如经费难筹，历久未成此举。

余下车之初，据举人刘焕光等佥禀，不敢诿为异人任立，即亲诣该乡，相度设书院之处。都人士觅得一地，形势高畅，上有文昌宫，附近空地甚宽。择日兴工，三月落成，美奂美轮。中造讲堂一排，计二进；旁造肄业书舍七十余间，并厨房杂屋数间，规模宏大。前有古井，极深洌。名曰“文泉书院”。

辛卯年延请山长苏进士人谷，驻院掌教。余在乡劝捐租谷。附近各乡殷户，踊跃输捐。年收谷米一千四百担，作院中永远经费。四季由官下乡亲课。春季定二月中旬甄别。每课生、监三十余人；童生七十余人，皆彬彬循礼。余校阅认真，定甲、乙厚奖，赏榜列院门，期可共勖。平时一月两课，归山长定评。诸生咸得就正，阅两载矣。文字骎骎日上。诸生弦诵其间，泽诗书之气，广文学之风。他日之英贤辈出，甲第联翩，可胜计欤？其所以克成此举者，岂余之力，亦刘绅等之乐观厥成也。余不敢以文言，谨志其事之崖末而次述之，是为记。

光绪壬辰十月朔日，知闽清事会稽胡庆荣谨书。

——闽清政协文史工作组编《闽清文史资料（第四辑）》

文泉书院纪略

刘训瑺

去城西五十里曰六都，为各乡之中区。其地宽廓平坦，环而居者数千家，其民之秀而颖者，多以读书世其业。都之新壶里为黄氏居，旧于麟田山麓建崇文书院，督课子弟。以经费弗充，缺其膏火，光绪己丑，黄君曾谋于众曰：“为族养士，不若为乡养士；为一乡养士，不若为一邑养士。”乃集诸同志首先倡捐，各乡应之，计募万余金，购买田亩，仍崇文旧址，拓而新之，名曰文泉书院。历聘苏人谷、庄鼎元、赵以成、林师望、李骏斌、唐瀚波诸名宿主讲。仿宋儒分斋课士之法，优给膏火，于以加惠寒畯，造就人才。邑之有司岁亦三四至而甄别之，更以余款增建官廨、禄位祠及诸生学舍。董其事者不一其人，要皆矢慎矢勤，以兴学为己任，一切章程亦几经斟酌而后定。都人士络绎负笈，相与读书穷理，勉为有用之才，非仅讲求文字已也。是役也，历十余载而事始竣，固由乐输者襄诸盛举，亦由司事者始终不懈，用获告厥成功。《周礼》大司徒颁执事十有二于邦国都鄙十日。学艺注云：学艺，学道艺也。而乡大夫之职，亦分其责于乡吏，使教其所治，以考其德行，察其道艺。书院之设，其昉此乎？

夫闽清人才盛于赵宋，而衰于元明。国朝定鼎以后，英贤辈出，登桂籍，宴琼林，列名宦，祀乡贤者代不乏人。是山川灵秀之气，将由衰而盛也。考邑志，县治旧有正音书院，久圮。道光中，复建鼎峰书院，今田租无几，名存实亡。惟龙江书院为二陈先生读书处，岁久湮没，前年邑之士夫重建书院，而仍以龙江名，盖龙江之建以继轨前贤因也，文泉之建以陶成后进创也。其所以佐国家文治之隆，则一也。于戏！知创始之难，乃知守成之不易。是在操教育之责者，无苟且，无废坠，有以善其后焉。

——福建省闽清第二中学编《文泉中学校史》（1783—1988）

文泉书院学则

（清）李骏斌

敦本第一。

教士之道，其宏纲要领尽括于世祖皇帝卧碑八条，文曰：

朝廷立学校、选取生员，免其丁粮、厚以廪膳，设学院、学道、学官以教之，各衙门官以礼相待，全要养成贤才，以供朝廷之用。诸生皆当上报国恩，下立人品，所有条教开列于后：

一生员之家。父母贤智者，子当受教；父母愚鲁，或有非为者，子既读书明理，当再三恳告，使父母不陷于危亡。

一生员立志。当学为忠臣清官，书史所载忠清事迹，务须互相讲究，凡利国爱民之事，更宜留心。

一生员居心忠厚正直，读书方有实用。出仕必作良吏，若心术邪，刻读书必无成就；为官必取祸患，有害人之事者，往往自杀其身，常宜思省。

一生员不可干求官长。交结势要，希图进身，若果心善德全，上天知之，必加以福。

一生员当爱心忍性。凡有司官衙门，不可轻入。即有切己之事，只许家人代告，不许干预他人词讼。他人亦不许牵连生员作证。

一为学当尊敬先生。若讲说，皆须诚心听受，如有未明，从容再问，毋妄行辩难。为师者亦当尽心教训，勿致怠惰。

一军民一切利病，不许生员上书陈言。如有一言建白，以违制谕黜革治罪。

一生员不许纠党多人，立盟结社，把持官府，武断乡曲，所作文字不许妄行刊刻，违者听提调官治罪。

圣祖皇帝圣谕十六条，曰："敦孝悌以重人伦，笃宗族以昭雍睦，和乡党以息争讼，重农桑以足衣食，尚节俭以足财用，隆学校以端士习，黜异端以崇正学，讲法律以儆愚顽，明礼让以厚风俗，务本业以定民志，训子弟以禁非为，息诬告以全善良，诫窝逃以免株连，完钱粮以省催科，联保甲以弥盗贼，解仇忿以重身命。"凡属士林，均应遵守，外此如朱文公白鹿洞书院教条："父子有亲，君臣有义，夫妇有别，长幼有序，朋友有信。"右五教之目，尧舜使契为司徒，敬敷五教即此是也。学者学此而已，而其所以学之，之序亦有五焉，其别如左："博学之，审问之，慎思之，明辨之，笃行之。"右为学之序，学问思辨四者皆所以穷理，若夫笃行之事，则自修身。以至处事接物亦各有要，其别如左：“言忠信，行笃敬，惩忿窒欲，迁善改过。”右修身之要；“正其谊不谋其利，明其道不计其功。”右处事之要；“己所不欲，勿施于人”“行有不得，反求诸己”，右接物之要。

程端蒙、董铢二先生学则：“凡学于此者，必严朔望之仪，谨晨昏之令，居处必恭，步立必正，视听必端，言语必谨，容貌必庄，衣冠必整，饮食必节，出入必省，读书必专一，写字必楷敬，几案必整齐，堂室必洁净，相呼必以肯，接见必有定，修业有余功，游艺有适性，使人庄以恕，而必专所听。”一则举学问之宏纲大目，一则定为群居日用常仪，即古来大小学之遗法也。圣贤成训根本要图，千古学规均当熟诵（其详具读书分年日程，学者当人购一册箴诸座右），无如人心风俗日即浇漓，礼坏士大夫儒少，敦本爰分四目以立厥基：

曰修崇道德。

道之一字，论说纷繁。孔子《系·易》曰：“立天之道，曰阴与阳；立地之道，曰柔与刚；立人之道，曰仁与义。道也者，固统三才而立极者也。”可为道之碻诂。皋陶称九德，洪范称三德，周官称六德，细循其义，如尧典钦明文思安安之类于文，直心为德，则德者心之美也。然此皆就道德之深者而言，若道德初级工夫，不必说到精微幽渺处，但使家庭辑睦不嫌隙，心术慈祥不险刻，言行诚实不巧诈，举动安详不轻浮，道德基础已具于此愿，与学者共勉之。

曰坚立志向。

《记》曰：“凡学士先立志。”孟子曰：“士何事？”曰：“尚志。”朱子曰：“书不熟读，读可记；义不精细，思可精；惟志不立，天下无可为之事。”又曰：“学者志不立，则一齐放倒。”可知人之志尚不可不先自竖立，己欲立而立人，己欲达而达人。天下有道，丘不与易，孔子之志也；思天下之民，匹夫匹妇不被其泽，若已推而纳诸沟中，伊尹之志也；如欲平治天下，当今之世，舍我其谁，孟子之志也；做秀才时，便以天下为己任，范文正之志也；天下兴亡，匹夫之贱与有责焉，顾亭林之志也。学者苟无志于此，凡百学问皆无着处。其实志在圣贤，固是远大，即思立功名、图进取，亦是立志中本分之事。若夫得一青衿，自雄乡里，营营锱铢，甘流污下，想亦诸生所不屑为也。惟务其远者、大者。斯可贵矣。

曰砥砺气节。

士人立身、涉世、居官、立朝皆须具有气节，当言则言，当行则行，持正不阿，方可不愧为士。乡愿一途，世俗所喜，圣人所恶。然气节不可猝办，必须养之于平日，虽寒微时节即与正士益友，以名节廉耻互相激发，则积久而益坚定矣。又节者假借于竹有所节止之谓也。《记》称“砥砺廉隅”；《论语》称“临大节而不可夺”；《传》称“圣达节，次守节，下失节”；宋广平曰“名节至重”；陈白沙曰“名节者，道之藩篱”；顾泾凡曰“学者宜从狂狷起脚，从中行歇脚”。后汉晚明之儒，皆以气节自厉，劲挺有立，刚毅近仁。勇者强矫，务在任道，若卑琑柔懦，终难振起。二三子尚其勉旃。

曰检治心身。

孔子自得之学在“从心所欲，不逾矩”，孟子自得之学在“四十不动心”。此从古圣贤所最兢兢也。学者既有志于道，目前之富贵利达、耳目声色、游玩嗜好、利害毁誉、苦乐生死皆足以夺吾心，非有涵养之功、坚定之力，一经摇撼，未见其能济也。故养心为学中第一义。自破摔之学盛行，鄙夷心宗，谓为逃禅，因释氏言“心从而避之，乃在我之心，亦不敢自有”，何其慎也。儒者养心有二法：一为静坐之养心，一为遇事之养心。书生初学多属伏案之时，遇事原少，但能每日静坐一二小时，求其放心，常使清明在躬、志气如神、梦剧不动、宠辱不惊，他日一切成就皆基于此，毋曰迂远云也。至于治身，尤切已之要务。颜子请事之语曰：“非礼勿视，非礼勿听，非礼勿言，非礼勿动。”曾子将卒之言曰：“定容貌，正颜色，出辞气。”孔子曰：“言忠信，行笃敬，蛮貊可行。”斯盖不得以小节目之，若夫威仪尤宜自重。刘康公以威仪为定命之符，孟子谓：“蹶者趋者，是气也，而反动其心。”由此观之，其于养心不为无系矣。《诗》称“彼都人士”，北宫文子称“容止可观，进退可度”，霍光出入禁闼，皆有常处，不失尺寸，遂荷伊周之任。何晏、邓飏行步顾影，鬼幽鬼躁，不得其死。凡在共学，当以为鉴语言，去其朴鄙，举止尚乎温文，出入翱翔，更须谨慎读书，专求笃实，乃成大器。名士狂态，洋务膻习，不愿诸生效也。

——福建省文化厅编《福建历代乡规民约》

文笔书院碑记

（清）鄢韶成

文笔社之祀文昌、魁星二神，始只龛奉人家，礼随俗简。道光己酉岁，茂才汪君鸿庄、黄君芑堂倡议起专祠。择于今所建系前朝积谷寺废址，旁为邻田侵垦者，估工值相让，或即准作题捐，众皆踊跃。由是汪君端礼、李君思焕、黄君宗恬、黄君宗久、许君玉衡、黄君弼卿、汪君凤斋、许君为康等，各捐银若干，以资经始；因更募捐，远近共得钱七百八十八缗。用克土木并举，筑周垣、竖门碣，额题“文笔书院”。中建正座，夹墙六扇，次及下座、书院、回廊。其上座中盖一亭，以妥观音、伽蓝、玄帝诸神存其旧也。又于中座后垒石成坪，杂植花木，墙外跨沟架屋，分设斋庖。但时方草创，规模虽具，完竣尚难。自咸丰丁巳至同治壬戌，余假馆于兹，议添建左右六间、钟鼓楼二所，而以余力铺盖砖瓦，免致飘摇。时则除旧董外，更得汪君酉山、黄君瑜轩二茂才助募，核并社内喜金，得钱一百八十五缗。而督理工料者，上舍汪君恒斋，收集捐资者乡耆钱君长进，余亦以馆其地与出入焉。洎甲戌至光绪丁丑，余又假馆四年。以上下座门墙、楼坪多未及作，神座、佛龛犹未遑饰，甍檐墙壁亦未涂塈粉丹，乃复偕同人照旧筹集，得钱一百七十六缗；然工费繁，而为力薄。仍未适观厥成也。最后馆斯地者为明经汪生邠农，偕其侄藻臣、黄生洲山，悉力经营用获蒇事。适余自诏安学假归，往游其间，见上下堂庑铺石填灰，外内沟基浚深砌固，又于上座横廊一带，翼以凳栏，可凭可坐，下座内墙外甃一池，沼有藻有鳞，其余朽者易之，削者平之，污者洁之，周观表里，焕然一新。询其费，需钱一百九十缗，亦皆喜金捐款，以此见有为之前，有为之后。虽曰人事，亦于昭灵爽实式凭之欤？于是汪生谓余曰："此祠自己酉迄今约历四十稔，计当时始事诸君，已如晨星硕果。不有以记之，久将莫知缘起，曷以劝将来？有举莫废，于以永承祀，俾肄业其中者，咸知鼓舞奋兴，而文风蒸蒸日上也。"爰即撮叙颠末，付汪生命工刻石以嵌诸壁，至前后捐款喜金业有悬匾题名，可勿复赘。

——刘训瑺《闽清县志·名胜志》

鹤龄英华书院章程叙

黄乃裳

鹤龄英华书院，何为而设也？为我国家培育有用之材而设也。国家已设同文馆及制造水师学堂多年于兹矣，培育人材之道，犹有未广欤？曰：

然。间尝旷观天下万国，其版图之大，或有过我朝，而人民之多，综六大洲计之，我朝辖四之一。此四之一之民，繁衍于国，年多一年，地产不足以为给，积数十年后，生计必愈趋愈蹙而无可聊生。此其势不待知者而后知之，岂当局者全无痌瘝之隐，坐视此亿万苍赤转徙流离于各与国而不加之意乎？吾知矿务、铁路、农田、织造诸大利必从此而渐兴，且海禁既开，而后各国交涉愈纷，则需材更不知凡几，而仅恃同文馆及各学堂之诸君子出以泛应之，不免兴借材异地之思，此传教士所以推其大公无我之心，为设英华书院也。

裳砚耕台南多载，得与掌院及洋汉教习盘桓，知其所以设书院之意，并观各席洋师教授诸法，未尝不叹其循循善诱，为不可几及。而尤爱其书院跨高冈而临大江，讲堂、学舍皆层耸雅敞，余地广可八九十亩，环以苍松杂木，缀以花草。廓其后为打球、练力之场，平其前为打燕所。傍晚放学，随诸生性癖所近，胥于此舒其血脉焉。而练力则洋师率其队，各执练具而演之，步伐止齐，屈伸上下，有一定法，甚可观也。出其院门，而南之旗山，北之莲花峰，西之洪山，东之鼓山，可于指顾间领其胜。外之若隐若见，远混天碧者为何山何水，莫能数其名称，而要皆足开拓心胸，以助其兴会。至礼拜日，率诸生到礼拜堂听讲天道，匡其善心，锄其恶念，是即《易》所谓“蒙以养正”也。且夏冬散假之前，必先考试其所学，请父兄观考，与其评定等列，以激扬鼓舞之。聪颖者于是乎愈奋，即钝而惰者亦以耻居人下而发愤于其所为，八年之间，十余考之，知游其门，断无委靡不振之子弟矣。迨限满，考列优等，给照出学。于此或再图上进，或出而谋生，一听诸生之便。而又随招而补之，多可容数百人，中授天文、地理、医学、算学、格致、电学、翻译等，但八年中不能递分矿务等科，以成其专家。业限满后，诸生既通英学，由是自行专习一科，亦可造于精微之域，或由官选颖异者，著令负笈精究专门，较诸招幼年之官学生而栽培之者，可省数倍功，是养士费俭而得士效奢。一旦矿务等利大开，则英华书院培育之士必有起以佐同文馆、制造各学堂之诸君子，为斯民谋乐利而效忠荩于国家，岂但精通英汉者，堪膺参赞翻译之选哉！

裳读其章程，稽其命意，知英华书院之大有关我国富强与夫各与国交涉事务，故乐为之叙，以告乎栽培子弟之家，使知其梗概。若夫鹤龄其名，以书院之讲堂及地址为张君鹤龄号九皋者捐资，故名之以其名，以志创始，盖西例如此云。

光绪十七年长至后五日，梅溪黄乃裳黻臣甫谨叙。

——邓洪波《中国书院学规集成·福建篇》

玳琅书楼记

（清）刘训嘉

予家一小楼，居正座右偏。面柯山，枕姬岩，远挹莲峰，近瞻台岫，不事丹青，不勤黝垩，颇有清幽之致。几一、案一、旁列坐位，并无陈设物玩，惟四壁多名人字画。客至，清茗一杯，阅古今书籍数帙，相与赏奇析疑而已。楼作小房二：一为藏书之所，一为下榻之所。西棂三，北牖一，侵晓四开，晨光掩映，鸟声上下，浓阴绿缛，生意满前。午睡初醒，茶烟轻扬。披青史，拓《黄庭》，自乐其乐，几不知人世有宠辱事。时值天和气清，长空一色，远山灯火，闪影摇光，吟声琅琅，溪濑互答。一日之内，一宵之间，斯楼之胜概备矣。且吾尝求时措咸宜之道，望焉而未之见。维兹小楼，听雨宜挑灯，当风宜披襟，邀月宜举杯，咏雪宜围炉，虽曰时各有宜，不过守拙者之所宜要，非士君子因时制宜之大也。

彼元龙高卧，豪气未除，王粲离忧，登高作赋，非斯楼之宜，吾所不取。昔刘禹锡有陋室之铭，王禹称有竹楼之记，吾楼虽小，吾居之自谓其无所不宜也。握管遂为之记。

——刘训瑺《闽清县志·名胜志》

贻书堂记

（清）刘树业

贻书堂者，主人泰庵先世家塾也。有园池别业存焉。道光丁酉之春，余假馆于兹。泰庵重修之，阅一月，工始竣，引流泉，叠涧石，移植美竹奇花，环左右两除间，蔚然清秀。其中室宇幽僻，窗牖玲珑，余与诸侄辈读书于此。乡先生络绎往来，爱是堂之闲静，往往贶以清吟，寄其幽赏。余性无所好，惟书与花而已。自丁酉至已酉一纪蹉跎，岁月半消磨于断简残篇，半驰骛于园林花鸟，喜主人与余有同好，故久而得住焉。主人训子弟甚严，虽家事勿俾预，此谢安所谓欲使其全也。余承命督功课，每闲暇时，相与焚香、煮茗、扫径、浇花，借以为文园馆课之逸事，释平日无聊之烦恼，不差胜世人鹿鹿混迹市尘耶？余思人生富贵功名，莫不有命，与其计赢余，争什一，竞标榜，邀宠荣，孰若教子弟读书养性，娴习世故，以待命之至乎？主人于是堂之修，仍旧题额，其意盖可知矣。昔人有言黄金满籯，不如教子一经，主人有焉。时夏五开蒲觞，主人请记其事，余以相依日久，不获辞其责。且思吾人去住无定，吾乌知后之继余而居此堂者，又复何人？

故握管而为之记，示不忘也。

——《玉阪刘氏族谱·艺文》

重建闽清县学宫记

（明）陈省

万历己丑四月，闽清学宫新成，邑令孙君良学移书鳌山，问记于陈省，书之言曰：学宫年久不饬，栋宇将倾，势弗可缓。诸生议迁，难其费，愿假缘助，请于郡守江大夫，大夫曰："孰有大于是者，力图之。"请于督学耿大夫，大夫曰："孰有切于是者，亟图之。"问于巡抚周大夫，大夫曰："此吾党职事也，何与于人而假缘助乎？"檄府扎节推动官帑百金，出俸余二十金肇功以迄于成，凡四阅月而告竣。邑师生张应诏、魏良璧、何应奇、池起凤、詹洪肇等议请记一言，使学者有明焉。惟先生是藉鳌山，省僭为诸君言曰：惟兹邑令偕二三大夫所以图成是学者，皆可记也，皆可使学者有明也。诸君听之，道在浑沦中。天地开辟之道，寓天地覆载中。孔孟开辟之天地，开辟所以浑沦也，乾知大始，浑沦辟矣。孔孟何以开辟覆载也？克己复礼，为仁仁人，心也覆载辟矣。仁生生者也，于乾为始，于人为知，著之为伦，散之为物。知不致伦，无由明也，伦不明物，无由格也。生生者息矣，焉得仁？惟是诸大夫之建学宫也，宁徒使诸生业举子为荣进地乎？欲吾诸生之聚于此，取致知也，明伦也，格物也，从事于生生之仁者也。邑君之欲择地而迁之也，谓修之不若作新之为愈也，故鸠工庀材修其殿庑，光其堂廨、斋舍、廪厨、尊经、习射之所，焕如也。诸生亦知俗学之陋，锢于所见、牿于词章、溺于声利，求愈勤离愈远。盍亦择地而迁之乎？培吾静虚，扩吾动直，励吾切磋琢磨，专志凝神，奋然新之。惟仁之为务，忠孝慈敬于是乎生，真才正学于是乎成。曰圣、曰贤于是乎出，斯邑君建而新之之说也。夫会一郡之民为之师，帅合八州之士为之提衡安在哉？谓闽清山谷邑也，而遗之耶？业业乎视吾宫墙若痌瘝在身，图之若是乎亟而力也。诸君亦知夫人皆有不忍之心乎？谓己不能自贼也，谓人不能贼人也，视听言动何地非礼，居处执事与人何时非学，斯须离之则谓罔。生谓幸免，下教弗敷，上责弗塞也，胡可缓视，不为致力也？是江大夫力图之，耿大夫亟图之之说也。夫天下事亦为之而已，一人之雄可以入九军，正志之射可以中杨叶，彼固无假于人者，况乎有事于学宫也。吾能辨之，即不能，犹强辨之，何以助为？诸君亦知仁生机乎？耳能听，无假于人之听也；目能视，无借乎人之明也；心能绎，无俟乎人之思也。圣贤何人，希之则是。则巡抚周大夫持议独建，不必于助之说。予谓邑令与二三大夫之成是学宫者，皆可记也，皆可使学者有明也。余非强为之言也。孔子洙泗之传，独归颜子。颜子之学，克己复礼，雷厉风行，渣滓化矣，新之也。天下归仁，决于一日，识不早，力不易也，果而确，斯无难矣。由人乎哉？甚矣！诸大夫之有事于学宫也，夫固望诸君之可为颜子也，诸君请益焉。乾知大始浑沦辟矣，大始曰知何以说也，请终有嘉惠之。余曰：有是哉，诸君之嗜学也。大哉乾元者，仁也。自无而有于复见之，故曰：复以自知，天地之心在焉。文王系爻于复，其初之繇曰："不远复，无祇悔。元吉。"夫子系之辞，叹曰："颜氏之子其庶几乎！有不善，未尝不知，知之未尝复行也。"夫有不善，未尝不知，良知也。诸君有之，知之未尝弗行也。吾愿诸君之无膛乎其后也，盍勉诸。夫乾始扩尔所知，生生者仁，欲之斯至，吾决诸君之可为颜子也。斯无负贤邑令与二三大夫建学之意也。周公名采，安福人，壬戌进士。耿公名定力，黄安人，辛未进士。江君名铎，仁和人，甲戌进士。刘公名日升，庐陵人，庚辰。孙公名良学，山阴人，丁卯乡进士。

——刘训瑺《闽清县志·建筑志》

重修文庙并新置学田碑记

（明）詹洪基

山阴孙侯，以贤科出宰闽清。始至，谒文庙，慨其岁久倾圮，与张、魏二学博，谋一新之，而绌于费。期年，各输俸金，并募邑诸生助金若干两，请郡守江君，诹日举事，转闻抚台周公，公谓："学官不饬，吾党事也，何假于他助？"檄府出官帑，以速其成。越三月，殿宇、门庑、黉墙、祭器焕然改观。寻以所助金，请于学道耿公，市学田以惠多士，且丐基言以记之。基旧庠生也，何敢以不文辞，乃言曰：古圣王立教，因乎人而已。知乎人情所不安，则不可从事于久；不可以久，则不可以望其学之成，而德之备，故设库序以教之。庠者，养也。士有所养，然后其心醇，而其志专，乐群敬业，不肃而成，亦不强其所不堪。故曰："人情者，圣王之田。"自世教衰微，而礼乐废缺，上无养士之资，士将日事呫哔，以躐进用之途，而其情之所乐，不在庠序学校间，声利梏于外，饥寒逼其中，譬之庖人无厨鲜，何以烹？工人无肆艺，何以精？欲士之纯心道义，涵濡性术，以追隆古之休风，亦难矣。吾邑占郡上游，地僻民贫，学舍生徒仅百余人，务学而多患贫。孙侯莅止，节爱惠养，既以赈民之不足也，尤思所以赈士之不及。爰创置学田四十八亩零，征租有额，出入有经，俾诸贫士受粒以食，受膏以焚，受禽以婚，受赙以丧与葬。而士享惠食德，皆出我侯。周继之典，盖望士之耕以礼，种以义，耨以学，期于学之成而德之备也，其用意不蒸蒸厚哉？虽然，愚犹有说焉，待文而兴者，齐民耳，士有恒心，不当与庸众埒。况吾邑之先，忠厚如许冲元父子，礼乐如陈祐之兄弟，英声茂烈，名都先达，曾未多出其右。诸士子安可以山谷自画也？学于斯，师于古，久之，身立名成，以光阐其勋问，庶下不负所学，而上不负我侯优待之意。是为记。

——刘训瑺《闽清县志·建筑志》

建奎光阁序

（清）姚循义

凡郡府州县，皆建有奎光阁，以兆文明之象。梅溪盛时，百度具举，斯阁宁独有缺欤？顾自元、明兵燹而后，所存古制，什无二三，而奎光阁遂不可考。前邑令张公来莅兹土，邑人复谋创建，择地于邑之钟南山冈。其冈旧有芹山道观，为白真人炼丹处，丹成而仙去，其为山川闲气所钟可知。且其冈虚明高旷，朱顶耸翠，三溪汇流，而位又居南方。南为离火，益以显文明之象，固宜有轩。耸杰特之观，而其阁曷可少哉！阁之中，祀文昌神像。或曰：神即周之张仲也。以仲之孝友，上应星躔，昭回陟降，万古常新。以妥以侑，以将以享，知必有以福吾梅而振耀之者。余闻阁成之日，平治道途，有泉自山麓流出。《易》曰：山下出泉，泉水之始出者行而有渐。或以兆梅溪人物浸昌浸炽，绳绳而未有艾也。

——刘训瑺《闽清县志·名胜志》

重修泮池记

（清）卢登洙

国家建立学校，作养人才，国学则有辟雍，乡学则有泮宫，故制于半壁中注以水于环桥，讲学时以节观听，取义甚巨。而后世遂谓养鲤化龙，未始非人文奋兴之象，是或一道也。吾梅自宋代科名鹊起，首胪唱者二，捷南宫者七，领贤书又踵相接，功名事业，流传不少。况今圣天子雅意右文，加科广额一十五。国之人文蒸蒸日盛。而吾邑多士，其于帖括，亦花样相同，何数科以来，隽榜稍旷。意者迩年泮池崩塌，池水干涸，于化龙之象有缺欤？爰集阖邑绅士郑匡扆、刘崇仁、孙柱、刘本沛等共襄盛举，鸠工庀材，不逾月而告成。俾塌者整，涸者盈，行见春涛秋浪，鳞角高腾，又何难媲美前贤，而并登云路也哉！谨记。

——刘训瑺《闽清县志·建筑志》

明给事中闽县林材撰记

（明）林材

闽清一邑，扆山襟水，剑津东西之众流，独当其冲。万历己酉秋水发，其流滔天，坏城郭庐舍，而闽清受河祟伯为尤剧。学宫、官邸、闾巷、桥梁无一完者。时俞侯莅治甫数月，列状以闻。大中丞豫章陈公，直指使者山阴陆公，纲邑之民贫且困，为出公帑贷其乏。侯召父老而告之曰："邑，瘠土也。瘠土之民，莫不向义劳也。知君子劳心，小人劳力，古之制乎？"众日："诺。"于是拮据绸缪，竭尽心力，先修学宫，次及县宇。因地势洼下，复移后百武，宅其爽而垲者为亲民所，堂之后为退食所、为私居所。越二十朔告厥成，计其费凡若干缗。而趋事赴工，民亦劳止。乃侯不欲施己之劳，又不忍忘民之劳也。将立石，诹余为之记。余惟《春秋》一书，圣人之所以经世也。重民之力，必纪其事，筑郿，讥轻也，筑台于郎，讥厉也。上下二百四十二年间，自城楚丘外不多与焉。夫役兴，在必不得已，则上不轻用，而民忘其劳。今侯登斯堂，时而戴星出耶，时而鸣琴理耶，时而抚字劳耶，时而催科绌耶。人情莫不欲富，搏节之则民殷；人情莫不欲安，爱养之则民乐。昔楚邱之役，定中作宫，揆日作室，而桑田之税，星言夙驾，命于倌人。迨其究也，富庶益增，礼乐毕举。则塞渊一念，为之始耳。侯汲汲然念民之劳。恤其劳必思贻其逸，是其心固塞渊之心也。较筑郿、筑郎，轻而用厉而使者当不可同日语矣。抑余又闻之，风有甘棠，志思也。其言曰：“勿翦勿伐，召伯所茇。”召伯循行南国，民爱其树至不忍伤。鸣呼！伯爱民，民更爱伯。侯之政，奚啻甘棠乎？抚循噢咻，巡省舍茇，问其疾苦，而视之如伤，则民之不忍忘侯，将继甘棠而更咏乐。只今之梅溪，固古南国哉！余不佞，愿侯之德泽政令可鉴，楚邱之所以兴，而思召伯之所以感也。则不佞之言信矣。侯名咨龙，别号允翼，广西马平人。

——刘训瑺《闽清县志·建筑志》

清乾隆十七年徐景熹记略

（清）徐景熹

闽清县始于唐贞元，既立旋省，后百有余年，五代梁乾化初复置。又百余年，当宋真宗景德之四年，贤令史温始建学，规制略备。明永乐中，移明伦堂于殿之北。我朝尊隆儒术，凡薄海内外，郡县卫所之学，屡诏缮治。故闽清虽小邑，其庙学亦完整。乾隆庚午秋，霖雨水溢，学地素庳，水患从之，殿阁堂庑，寝以圮坏。今令童君士绅大集邑之绅耆，畴咨兴创。佥言曰：“庙学在前代亦尝毁于水，当时有建议迁之他所者，终以役巨不果。相厥形势，明伦堂之地，较庙为差高，若益培广，建庙于其上，而徙学于庙之左故址，虽有巨浸，勿能害矣。君亟然之，故经始于辛未四月，以壬申之仲夏落成。余惟唐梁肃之言曰：“学之制与政损益，学举则道举，政污则道污。”天下郡国之立学，始于汉武，盛于隋唐，而极于有宋。当是时，守令之勤于其官者，莫不以是为先务，所以成德达材，进其方土之愿，秀使之擩哜道真，被服先圣，而士人登进之途，亦于是焉。出则又劝以禄利，而率之以向方，因以风励末俗，立教化之大端，此学校与政相为损益之故也。考郡县庙学之制，庙以崇祀先圣，学以教养士子，二者于前代常不能兼立。其无庙者，春秋释奠皆即学，而行事则学重。自唐迄宋初，天下学校，庙多而学少，则庙重。庆历中，大兴学校，制犹以州县之士满二百，乃得立学。故其时，守令之勤于其官者，或傍庙为学，或建书院敦延师儒，以教其方土之士，其职皆不命于朝。理宗景定，始令天下县置主学，盖自儒官设，而学之制寖备矣。于是庙与学并重，而庙为重。我朝百年以来，凡日月所出入，莫不有郡县，则莫不有庙学，其所以跨唐轶宋，而跻盛美于虞、夏、商、周四代之隆者在是欤？乃或者谓记所云："释奠、释菜于先圣先师者，皆在于学。"又曰："国有学，遂有序，党有庠，家有塾。"亦不言庙。故王安石曰："奠先圣先师于学而无庙。"古也未见庙之为尊于学者，泥古而不达。近世典制之论，夫古之所谓先圣先师，不一其人，而今则固吾夫子也。夫子之道，衣被千万世，凡为士者，以得奠币于先圣栗主之前为幸。我世宗宪皇帝，躬临太学，谕大小诸司凡公牒祝辞，并称诣学，不得言幸，其尊何等！春秋释奠不于庙，而反于学，又必无之理也。闽清之庙学圮，而今能立，率其邑人以兴建，是达政之经者矣；徙庙于高处，而以学为辅，是得尊庙之实义者矣；是不可而无记。

——刘训瑺《闽清县志·建筑志》

参考书目

（宋）朱熹著，郭齐、尹波点校：《朱熹集》，成都：四川教育出版社，1997年5月.

黄榦著，福建省江夏黄氏源流研究会编：《黄文肃勉斋公文集》，福州：内部印刷，江夏黄氏家藏珍本.

（宋）陈振孙撰，徐小蛮、顾美华点校：《直斋书录解题》，上海：上海古籍出版社，2016年.

（明）黄仲昭修纂，福建省地方志编纂委员会主编：《八闽通志》，福州：福建人民出版社，2006年.

（明）计成撰，倪泰译注：《园冶》，重庆：重庆出版社，2019年.

（清）黄宗羲原著、全祖望补修，陈金生、梁运华点校：《宋元学案》，北京：中华书局，2013年.

（清）阮元等整理：《十三经注疏整理本》，上海：上海古籍出版社，2013年.

（清）徐景熹主修，福州地方志编纂委员会整理：《福州府志》，福州：海风出版社，2001年.

（清）徐珂编：《清稗类钞》，北京：中华书局，2010 年．

（清）素尔讷纂：《钦定学政全书》，北京：中华书局，2015 年．

（清）胡之鋘、周学曾等纂修，中共晋江市委党史和地方志研究室整理：《晋江县志》，福州：福建人民出版社，2020 年．

（清）胡达源著、胡林翼原校，冯一校注：《弟子箴言校注》，郑州：中州古籍出版社，2021 年．

（清）焦循撰：《孟子正义》，北京：中华书局，2012 年．

（清）游光绎等纂，许维勤点校注释：《鳌峰书院志》（两种），福州：海风出版社，2014 年．

（清）陈宏谋辑：《五种遗规》，北京：中国华侨出版社，2012 年．

（清）吴曾祺著：《涵芬楼文谈》，北京：金城出版社，2011 年．

（清）桑调元著，林旭文点校：《桑调元集》，杭州：浙江古籍出版社，2020 年．

（民国）沈瑜庆、陈衍等纂，福建省地方志编纂委员会整理：《福建通志》，北京：方志出版社，2016 年．

福建省文史研究馆整理：《全闽诗录》，福州：福建人民出版社，2011 年．

（民国）陈寅恪著：《隋唐制度渊源略论稿》，北京：商务印书馆，2011 年．

林则徐全集编辑委员会编：《林则徐全集》，福州：海峡文艺出版社，2002 年．

张旭、车树昇、龚任界编著：《陈宝琛年谱》，福州：福建人民出版社，2017 年．

吴光主编：《马一浮全集》，杭州：浙江古籍出版社，2013 年．

福建省地方志编纂委员会编：《福建省志·教育志》，北京：方志出版社，1998 年．

福建省文化厅编：《福建历代乡规民约》，福州：海峡书局，2014年.
刘海峰、庄明水著：《福建教育史》，福州：福建教育出版社，1996年.
中共福州市委宣传部、福州市文化广电新闻出版局编：《福州朱子文化遗存图影集》，福州：榕新出内书第2017013号.
高增德、丁东编：《世纪学人自述》，北京：北京十月文艺出版社，2000年.
李世愉、胡平著：《中国科举制度通史》（清代卷），上海：上海人民出版社，2018年.
夏征农主编：《大辞海·中国古代史卷》，上海：上海辞书出版社，2008年.
陈元晖、尹德新、王炳照编著：《中国古代的书院制度》，上海：上海教育出版社，1981年.
陈谷嘉、邓洪波主编：《中国书院史资料》，杭州：浙江教育出版社，1998年.
白新良著：《明清书院研究》，北京：故宫出版社，2012年.
李劲松著：《北宋书院研究》，哈尔滨：黑龙江教育出版社，2011年.
朱汉民著：《中国的书院》，台北：台湾商务印书馆，2002年.
李国钧主编：《中国书院史》，湖南：湖南教育出版社，1998年.
卞孝萱、徐雁平编：《书院与文化传承》，北京：中华书局，2008年.
邓洪波主编：《中国书院学规集成》，上海：中西书局，2011年.
王涵主编：《中国历代书院学记》，北京：首都师范大学出版社，2010年.
李梦阳等编，白鹿洞书院古志整理委员会整理：《白鹿洞书院古志五种》，北京：中华书局，1995年.
福建省炎黄文化研究公编，郑宣陶、杨加清编注：《古代书院诗词选》，福州：福建人民出版社，2021年.

方彦寿著：《朱熹考亭书院源流考》，北京：中国文史出版社，2005 年 .

徐心希主编：《闽都书院》，福州：福建美术出版社，2009 年 .

蔡志荣著：《书院与地方社会：以明清湖北书院为中心考察》，北京：中国社会科学出版社，2014 年 .

（清）曹维精、胡林翼、周瑞松等辑著，邓洪波、兰军等点校：《清代湖南乡村书院志》，北京：人民出版社，2022 年 .

连城县客家研究联谊会编：《连城客家书院理学文化》，厦门：鹭江出版社，2010 年 .

吴修申著：《中国共产党私塾政策研究》，北京：中国社会科学出版社，2013 年 .

泰玉清著：《近代私塾改良研究》，北京：中国政法大学出版社，2016 年 .

吴丽娟编著：《私塾》，长春：吉林文史出版社，2022 年 .

[美]施珊珊著，王坤利译：《明代的社学与国家》，杭州：浙江大学出版社，2019 年 .

赵琛著：《文昌祖庭》，成都：四川文艺出版社，2010 年 .

程树德撰，程俊英、蒋见元点校：《论语集释》，北京：中华书局，2012 年 .

杨伯峻著：《经子浅读》，北京：中华书局，2016 年 .

戴维著：《论语研究史》，长沙：岳麓书社，2011 年 .

福州市政协文史资料和学习宣传委员会编，杨凡主编：《福州人与商务印书馆》，福州：福建美术出版社，2018 年 .

费赖之著，冯承钧译：《入会耶稣会士列传》，北京：文物出版社，2022 年 .

黄新宪著：《基督教教育与中国社会变迁》，福州：福建教育出版社，1996 年 .

马照南主编：《黄乃裳纪念画册》，福州：内部印刷，2004 年 .

《黄乃裳学术研讨会论文选》：“黄乃裳与辛亥革命”分论坛论文汇编 . 福州：内部印刷，2011 年 .

（民国）刘训瑺纂修，闽清县地方志编纂委员会再版：《闽清县志》，福州：内部印刷，1988 年 .

（民国）刘训瑺纂修：《闽清县志》，台北：成文出版社，影印本，1967 年 .

闽清县地方志编纂委员会编：《闽清县志》，北京：群众出版社，1993 年 .

福建省闽清县教育局编纂：《福建省闽清县教育志》，福州：内部印刷，1999 年 .

福建省闽清县第二中学（文泉中学）编：《文泉中学校史（1783—1988）》，福州：内部印刷，1988 年 .

茶口林氏族谱编委会编:《茶口林氏族谱》,福州：内部印刷,1995 年 .

虎丘黄氏家史研究会编：《虎丘六叶黄氏宗谱 · 总谱》，福州：内部印刷，2001 年 .

虎丘黄氏宗史研究会编：《虎丘六叶黄氏宗谱》，福州：内部印刷，1992 年 .

福建省姓氏源流研究会刘氏委员会编：《八闽刘氏名村重镇》，福州：内部印刷，2015 年 .

福建省姓氏源流研究会陈氏委员会，闽清县政协文史资料委员会，闽清县陈祥道、陈旸文化研究会合编:《礼乐同辉》,北京：中国文史出版社，2007 年 .

中国人民政治协商会议福建省闽清县委员会文史工作组编：《闽清文史资料》（第二辑），福州：内部印刷，1984 年 .

中国人民政治协商会议福建省闽清县委员会文史工作组编：《闽清文

史资料》（第四辑），福州：内部印刷，1985年.

政协福建省闽清县委员主编:《梅城记忆》，福州：内部印刷，2021年.

刘积香著：《闽清风俗》，福州：内部印刷，2002年.

福建省闽清县政协文史资料委员会编，郑亨光主编：《状元宰辅郑性之》，福州：内部印刷，2004年.

闽清玳琅书楼编：《刘玉轩诗文选》，福州：内部印刷，1983年.

徐宝立编著：《闽清县云龙乡后垅小学校史资料》，福州：内部印刷，2012年.

后记

本人在福州市政协文史委工作将近4年，亲历了福州文化发展的一些事，对于福州文史事业感受尤深。这几年的编辑工作经历使我收益甚大，在这个领域内更进一步。

十多年来，我主要专注于文史方面，认为文史研究与编辑可相得益彰。唐代著名文史理论家刘知几提出“史才三长”论，其言“史才须有三长，世罕兼之，故史者少也。”所谓三长，即才、学、识。其认为“学”而无“才”，犹有良田百顷，黄金满籝，而使愚者营生，终不能致于货殖者；如有“才”而无“学”，亦犹思兼匠石，巧若公输，而家无楩楠斧斤，终不果成其宫室者。对于编书而言，我以为：“学”是历史文化专业素养，“才”是文笔和章节构造能力，“识”是判断力。在政协全国委员会文史和学习委员会发展历程中，有我崇敬的先辈，如历史学家、“新史学宗师”范文澜，曾任中国政协文史资料研究委员会第一任主任委员；历史学家、民俗学家顾颉刚，曾任该委员会副主任委员。我将以前贤为榜样，以有涯之生，渡无涯之学。

闽清县政协领导始终关心、支持本书写作，多方联系相关单位，为调研提供许多便利。闽清二中老校长黄德锦等提供咨询；闽清二中陈勇老师提供文泉书院相关史料，并帮助审阅文泉书院一章；闽清金沙学校书记陈崇焕、闽籍作家章礼提、闽清人黄旭等不顾酷暑炎热，陪我到实地查看相关遗址、遗迹；还有福建画报社编辑江榕、福州市博物馆林枚等帮助查找相关资料。闽清文史专家张德团、闽清宣传部副部长黄勤暖、闽清二中教师陈碧辉等也帮助审稿。今值出版之际，向所有为本书付出心力者谨致谢忱！

闽清书院描绘了一幅古代文化画卷，如今书院精神仍发挥作用，文化之声依然回响。本书秉承治史之传统与原则，以续史阙如、详史疏略。此项研究时历一年，不足之处在所难免，恳请读者教正。

著　者

2023 年 12 月

图书在版编目（CIP）数据

闽清书院探微 / 陈常飞著. --福州：福建人民出版社，2023.12
ISBN 978-7-211-09269-7

Ⅰ.①闽… Ⅱ.①陈… Ⅲ.①书院—介绍—闽清县
Ⅳ.①G649.299.574

中国国家版本馆 CIP 数据核字（2023）第 241874 号

闽清书院探微
MINQING SHUYUAN TANWEI

作　　者：陈常飞
责任编辑：陈　宽
责任校对：陈　璟
出版发行：福建人民出版社　　**电　　话**：0591-87533169(发行部)
网　　址：http://www.fjpph.com　　**电子邮箱**：fjpph7211@126.com
地　　址：福州市东水路 76 号　　**邮政编码**：350001
经　　销：福建新华发行（集团）有限责任公司
印　　刷：福州力人彩印有限公司
地　　址：福州市晋安区新店镇健康村西庄 580 号 9 栋
开　　本：700 毫米×1000 毫米　1/16
印　　张：16.75
字　　数：223 千字
版　　次：2023 年 12 月第 1 版　　2023 年 12 月第 1 次印刷
书　　号：ISBN 978-7-211-09269-7
定　　价：98.00 元